Saveurs d'Asie
Voyage Culinaire Authentique à travers les Délices Orientaux

Élodie Chen

Table des matières

Poulet aux pousses de bambou *10*
Jambon cuit à la vapeur *11*
Bacon au chou *12*
Poulet aux amandes *13*
Poulet aux amandes et châtaignes d'eau *15*
Poulet aux amandes et légumes *16*
Poulet à l'anis *17*
Poulet aux abricots *19*
Poulet aux asperges *20*
Poulet aux aubergines *21*
Poulet enveloppé dans du bacon *22*
Poulet aux germes de soja *23*
Poulet à la sauce aux haricots noirs *24*
Poulet au brocoli *25*
Poulet au chou et aux noix *26*
Poulet aux noix de cajou *27*
Poulet aux châtaignes *29*
Poulet au piment fort *30*
Poulet frit au piment *31*
Côtelette de poulet Suey *33*
Poulet chow mein *34*
Poulet assaisonné frit croustillant *36*
Poulet frit au concombre *38*
Curry de poulet et chili *39*
Curry de poulet chinois *40*
Poulet au curry rapide *41*
Poulet au curry et pommes de terre *42*
Cuisses de poulet frites *43*
Poulet frit à la sauce curry *44*
Poulet ivre *45*
Poulet salé aux œufs *47*
Nems au poulet *48*

Poulet mijoté aux œufs	*51*
Poulet d'Extrême-Orient	*53*
Poulet Foo Yung	*54*
Foo Yung au jambon et au poulet	*55*
Poulet frit au gingembre	*56*
Poulet au gingembre	*57*
Poulet au gingembre, champignons et châtaignes	*58*
Le poulet doré	*59*
Ragoût de poulet doré mariné	*60*
Pièces d'or	*62*
Poulet vapeur au jambon	*63*
Poulet à la sauce Hoisin	*64*
Poulet au miel	*65*
Poulet Kung Pao	*66*
Poulet aux poireaux	*67*
Poulet au citron	*68*
Mélange de poulet au citron	*70*
Foies de volaille aux pousses de bambou	*71*
Foies de poulet frits	*72*
Foies de volaille au mangetout	*73*
Foies de poulet avec crêpe aux nouilles	*74*
Foie de poulet à la sauce d'huîtres	*75*
Foies de volaille à l'ananas	*76*
Foie de poulet aigre-doux	*77*
Poulet aux litchis	*79*
Poulet à la sauce litchi	*80*
Poulet au Mange-tout	*81*
Poulet aux mangues	*82*
Melon farci au poulet	*83*
Faire frire le poulet et les champignons	*84*
Poulet aux champignons et noix	*85*
Poulet frit aux champignons	*87*
Poulet vapeur aux champignons	*89*
Poulet aux oignons	*89*
Poulet à l'orange et au citron	*90*
Poulet à la sauce d'huîtres	*91*

Forfaits poulet	*92*
Poulet aux noix	*94*
Poulet au beurre de cacahuète	*95*
Poulet aux petits pois	*96*
Poulet laqué	*97*
Poulet au paprika	*98*
Poulet frit au paprika	*100*
Poulet et ananas	*102*
Poulet à l'ananas et litchi	*103*
Poulet au porc	*104*
Ragoût de poulet aux pommes de terre	*105*
Poulet aux cinq épices avec pommes de terre	*106*
Poulet cuit rouge	*107*
Rissoles de poulet	*108*
Poulet salé	*109*
Poulet à l'huile de sésame	*110*
Poulet au xérès	*111*
Poulet à la sauce soja	*112*
Poulet frit épicé	*113*
Poulet aux épinards	*114*
Rouleaux de printemps au poulet	*115*
Porc braisé épicé	*117*
Petits pains de porc cuits à la vapeur	*118*
Porc au chou	*120*
Porc au chou et tomates	*122*
Porc mariné au chou	*123*
Porc au céleri	*125*
Porc aux châtaignes et champignons	*126*
Côtelette de porc Suey	*127*
Chow Mein au porc	*128*
Chow Mein de porc rôti	*130*
Porc au chutney	*131*
Porc au concombre	*132*
Paquets de porc croustillant	*133*
Rouleaux de porc aux œufs	*134*
Rouleaux aux œufs de porc et de crevettes	*135*

Oeuf de porc mijoté *137*
Porc chaud *138*
Filet de porc frit *139*
Porc aux cinq épices *140*
Ragoût de porc parfumé *141*
Porc à l'ail émincé *142*
Rôti de porc au gingembre *143*
Porc aux haricots verts *144*
Jambon de porc et tofu *145*
Brochette de porc frite *147*
Ragoût de porc à la sauce rouge *148*
Porc mariné *150*
Côtelettes de porc marinées *151*
Porc aux champignons *152*
Gâteau à la viande cuit à la vapeur *153*
Porc cuit rouge aux champignons *154*
Porc aux crêpes de nouilles *155*
Porc et crevettes avec crêpe aux nouilles *156*
Porc à la sauce d'huîtres *157*
Porc aux noix *158*
Porc au paprika *160*
Cornichon de porc épicé *161*
Porc à la sauce aux prunes *162*
Porc aux crevettes *163*
Porc cuit rouge *164*
Porc à la sauce rouge *165*
Porc aux nouilles de riz *167*
Boulettes de porc riches *169*
Côtelettes de porc rôties *170*
Porc assaisonné *171*
Tranches de porc glissantes *173*
Porc aux épinards et carottes *174*
Porc cuit à la vapeur *175*
Porc frit *176*
Porc aux patates douces *177*
Porc aigre-doux *178*

Porc salé	*179*
Porc au tofu	*180*
Porc frit tendre	*181*
Porc cuit deux fois	*182*
Porc aux légumes	*183*
Porc aux noix	*184*
Wontons au porc	*185*
Porc aux châtaignes d'eau	*186*
Wontons au porc et aux crevettes	*187*
Petits pains à la viande hachée cuits à la vapeur	*188*
Côtes levées à la sauce aux haricots noirs	*189*
Côtes levées grillées	*190*
Côtes levées grillées à l'érable	*191*
Côtes levées frites	*192*
Spare ribs aux poireaux	*193*
Côtes levées aux champignons	*194*
Côtes levées à l'orange	*195*
Côtes levées à l'ananas	*196*
Côtes de crevettes croustillantes	*197*
Côtes levées au vin de riz	*198*
Côtes levées aux graines de sésame	*199*
Spareribs Sweet And Sour	*200*
Côtes levées frites	*202*
Côtes levées à la tomate	*203*
Porc grillé	*204*
Porc froid à la moutarde	*205*
Rôti de porc chinois	*206*
Porc aux épinards	*207*
Boulettes de porc frites	*208*
Rouleaux aux œufs de porc et de crevettes	*209*
Porc haché à la vapeur	*211*
Porc frit à la chair de crabe	*211*
Porc aux germes de soja	*212*
Porc ivre	*213*
Cuisse de porc à la vapeur	*214*
Rôti de porc frit aux légumes	*216*

Porc cuit deux fois *218*
Rognons de porc au mangetout *218*
Jambon cuit rouge aux châtaignes *220*
Boulettes de jambon frit et œufs *220*
Jambon et ananas *221*
Mélange jambon et épinards *222*

Poulet aux pousses de bambou

Offres 4

45 ml/3 cuillères à soupe d'huile d'arachide
1 gousse d'ail écrasée
1 oignon nouveau (oignon), haché
1 tranche de racine de gingembre, hachée
225 g/8 oz de poitrine de poulet, coupée en lanières
225 g de pousses de bambou, coupées en lanières
45 ml/3 cuillères à soupe de sauce soja
15 ml/1 cuillère à soupe de vin de riz ou de xérès sec
5 ml/1 cuillère à café de farine de maïs (amidon de maïs)

Faites chauffer l'huile et faites revenir l'ail, l'oignon nouveau et le gingembre jusqu'à ce qu'ils soient légèrement dorés. Ajoutez le poulet et faites revenir 5 minutes. Ajoutez les pousses de bambou et faites sauter pendant 2 minutes. Mélangez la sauce soja, le vin ou le xérès et la semoule de maïs et faites frire pendant environ 3 minutes jusqu'à ce que le poulet soit cuit.

Jambon cuit à la vapeur

Pour 6 à 8 personnes

900 g de jambon frais

30 ml/2 cuillères à soupe de cassonade

60 ml/4 cuillères à soupe de vin de riz ou de xérès sec

Mettez le jambon dans un plat résistant à la chaleur sur une grille, couvrez et faites cuire à la vapeur sur de l'eau bouillante pendant environ 1 heure. Ajoutez le sucre et le vin ou le xérès dans la poêle, couvrez et faites cuire à la vapeur pendant encore 1 heure ou jusqu'à ce que le jambon soit cuit. Laisser refroidir dans un bol avant de trancher.

Bacon au chou

Offres 4

4 tranches de bacon entrelacé, pelées et hachées
2,5 ml/½ cuillère à café de sel
1 tranche de racine de gingembre, moulue
½ chou, râpé
75 ml/5 cuillères à soupe de bouillon de poulet
15 ml/1 cuillère à soupe de sauce aux huîtres

Faites frire le bacon jusqu'à ce qu'il soit croustillant et retirez-le de la poêle. Ajoutez le sel et le gingembre et faites frire pendant 2 minutes. Ajoutez le chou et remuez bien, puis incorporez le bacon et ajoutez le bouillon, couvrez et laissez mijoter environ 5 minutes, jusqu'à ce que le chou soit tendre mais encore légèrement croquant. Incorporer la sauce aux huîtres, couvrir et laisser mijoter 1 minute avant de servir.

Poulet aux amandes

Pour 4 à 6 personnes

375 ml/13 fl oz/1½ tasse de bouillon de poulet
60 ml/4 cuillères à soupe de vin de riz ou de xérès sec
45 ml/3 cuillères à soupe de farine de maïs (amidon de maïs)
15 ml/1 cuillère à soupe de sauce soja
4 poitrines de poulet
1 blanc d'oeuf
2,5 ml/½ cuillère à café de sel
huile pour friture
75 g / 3 oz / ½ tasse d'amandes blanchies
1 grosse carotte, coupée en dés
5 ml/1 cuillère à café de racine de gingembre râpée
6 oignons nouveaux (oignons verts), tranchés
3 branches de céleri, tranchées
100 g/4 oz de champignons, tranchés
100 g de pousses de bambou, tranchées

Mélangez le bouillon, la moitié du vin ou du xérès, 30 ml/2 cuillères à soupe de semoule de maïs et la sauce soja dans une casserole. Portez à ébullition en remuant, puis laissez cuire 5 minutes jusqu'à ce que le mélange épaississe. Retirer du feu et réserver au chaud.

Retirez la peau et les os du poulet et coupez-le en morceaux de 2,5 cm. Mélangez le reste du vin ou du xérès avec la semoule de maïs, le blanc d'œuf et le sel, ajoutez les morceaux de poulet et mélangez bien. Faites chauffer l'huile et faites frire les morceaux de poulet quelques-uns à la fois pendant environ 5 minutes jusqu'à ce qu'ils soient dorés. Bien égoutter. Retirez tout l'huile de la poêle sauf 30 ml/2 cuillères à soupe et faites frire les amandes pendant 2 minutes jusqu'à ce qu'elles soient dorées. Bien égoutter. Ajoutez la carotte et le gingembre dans la poêle et faites sauter pendant 1 minute. Ajoutez le reste des légumes et faites sauter pendant environ 3 minutes, jusqu'à ce que les légumes soient cuits mais encore croquants. Remettez le poulet et les amandes dans la poêle avec la sauce et remuez à feu doux pendant quelques minutes jusqu'à ce qu'ils soient bien chauds.

Poulet aux amandes et châtaignes d'eau

Offres 4

6 champignons chinois séchés
4 morceaux de poulet désossés
100 g d'amandes moulues
sel et poivre fraîchement moulu
60 ml/4 cuillères à soupe d'huile d'arachide
100 g/4 oz de châtaignes d'eau, tranchées
75 ml/5 cuillères à soupe de bouillon de poulet
30 ml/2 cuillères à soupe de sauce soja

Faites tremper les champignons dans l'eau tiède pendant 30 minutes et égouttez-les. Jetez les tiges et coupez les chapeaux. Coupez le poulet en fines tranches. Assaisonnez généreusement les amandes avec du sel et du poivre et saupoudrez les tranches de poulet d'amandes. Faites chauffer l'huile et faites frire le poulet jusqu'à ce qu'il soit légèrement doré. Ajoutez les champignons, les châtaignes d'eau, le bouillon et la sauce soja, portez à ébullition, couvrez et laissez mijoter quelques minutes jusqu'à ce que le poulet soit cuit.

Poulet aux amandes et légumes

Offres 4

75 ml/5 cuillères à soupe d'huile d'arachide
4 tranches de racine de gingembre, moulues
5 ml/1 cuillère à café de sel
100 g de chou chinois, râpé
50 g de pousses de bambou coupées en dés
50 g de champignons coupés en dés
2 branches de céleri coupées en dés
3 châtaignes d'eau coupées en dés
120 ml/4 fl oz/½ tasse de bouillon de poulet
225 g de poitrine de poulet coupée en dés
15 ml/1 cuillère à soupe de vin de riz ou de xérès sec
50 g de mangetout (pois mange-tout)
100 g/4 oz d'amandes effilées, grillées
10 ml/2 cuillères à café de farine de maïs (amidon de maïs)
15 ml/1 cuillère à soupe d'eau

Faites chauffer la moitié de l'huile et faites revenir le gingembre et le sel pendant 30 secondes. Ajoutez le chou, les pousses de bambou, les champignons, le céleri et les châtaignes d'eau et faites sauter pendant 2 minutes. Ajouter le bouillon, porter à ébullition, couvrir et cuire 2 minutes. Retirez les légumes et la sauce de la poêle. Faites chauffer le reste de l'huile et faites frire le poulet pendant 1 minute. Ajouter le vin ou le xérès et cuire 1 minute. Remettez les légumes dans la poêle avec le mangetout et les amandes et laissez cuire 30 secondes. Mélangez la semoule de maïs et l'eau pour obtenir une pâte, mélangez-la à la sauce et faites cuire en remuant jusqu'à ce que la sauce épaississe.

Poulet à l'anis

Offres 4

75 ml/5 cuillères à soupe d'huile d'arachide
2 oignons, hachés
1 gousse d'ail, hachée
2 tranches de racine de gingembre, hachées
15 ml/1 cuillère à soupe de farine ordinaire (générale)
30 ml/2 cuillères à soupe de curry en poudre
450 g de poulet, coupé en dés
15 ml/1 cuillère à soupe de sucre
30 ml/2 cuillères à soupe de sauce soja

450 ml/¾ pt/2 tasses de bouillon de poulet
2 gousses d'anis étoilé
225 g de pommes de terre en dés

Faites chauffer la moitié de l'huile et faites revenir légèrement les oignons, puis retirez-les de la poêle. Faites chauffer le reste de l'huile et faites revenir l'ail et le gingembre pendant 30 secondes. Mélangez la farine et la poudre de curry et laissez cuire 2 minutes. Remettez les oignons dans la poêle, ajoutez le poulet et faites revenir 3 minutes. Ajouter le sucre, la sauce soja, le bouillon et l'anis, porter à ébullition, couvrir et laisser mijoter 15 minutes. Ajouter les pommes de terre, remettre à ébullition, couvrir et cuire encore 20 minutes jusqu'à ce qu'elles soient tendres.

Poulet aux abricots

Offres 4

4 morceaux de poulet

sel et poivre fraîchement moulu

une pincée de gingembre moulu

60 ml/4 cuillères à soupe d'huile d'arachide

225 g d'abricots en conserve, coupés en deux

300 ml/½ pt/1 ¼ tasse de sauce aigre-douce

30 ml/2 cuillères à soupe de flocons d'amandes grillées

Assaisonnez le poulet avec du sel, du poivre et du gingembre. Faites chauffer l'huile et faites frire le poulet jusqu'à ce qu'il soit légèrement doré. Couvrir et cuire environ 20 minutes jusqu'à tendreté, en retournant de temps en temps. Égoutter l'huile. Ajouter les abricots et la sauce dans la poêle, porter à ébullition, couvrir et laisser mijoter lentement pendant environ 5 minutes ou jusqu'à ce qu'ils soient bien chauds. Garnir de flocons d'amandes.

Poulet aux asperges

Offres 4

45 ml/3 cuillères à soupe d'huile d'arachide
5 ml/1 cuillère à café de sel
1 gousse d'ail écrasée
1 oignon nouveau (oignon), haché
1 poitrine de poulet, tranchée
30 ml/2 cuillères à soupe de sauce aux haricots noirs
350 g d'asperges coupées en morceaux de 2,5 cm
120 ml/4 fl oz/½ tasse de bouillon de poulet
5 ml/1 cuillère à café de sucre
15 ml/1 cuillère à soupe de farine de maïs (amidon de maïs)
45 ml/3 cuillères à soupe d'eau

Faites chauffer la moitié de l'huile et faites revenir le sel, l'ail et les oignons nouveaux jusqu'à ce qu'ils soient légèrement dorés. Ajoutez le poulet et faites-le légèrement dorer. Ajouter la sauce aux haricots noirs et remuer pour enrober le poulet. Ajouter les asperges, le bouillon et le sucre, porter à ébullition, couvrir et laisser mijoter 5 minutes jusqu'à ce que le poulet soit cuit. Mélangez la semoule de maïs et l'eau pour obtenir une pâte, mélangez dans la poêle et faites cuire en remuant jusqu'à ce que la sauce soit claire et épaissie.

Poulet aux aubergines

Offres 4

225 g/8 oz de poulet, tranché
15 ml/1 cuillère à soupe de sauce soja
15 ml/1 cuillère à soupe de vin de riz ou de xérès sec
15 ml/1 cuillère à soupe de farine de maïs (amidon de maïs)
1 aubergine (aubergine), pelée et coupée en lanières
30 ml/2 cuillères à soupe d'huile d'arachide
2 piments rouges séchés
2 gousses d'ail écrasées
75 ml/5 cuillères à soupe de bouillon de poulet

Mettez le poulet dans un bol. Mélangez la sauce soja, le vin ou le xérès et la semoule de maïs, incorporez le poulet et laissez reposer 30 minutes. Blanchir les aubergines dans l'eau bouillante pendant 3 minutes, puis bien les égoutter. Faites chauffer l'huile et faites frire les poivrons jusqu'à ce qu'ils noircissent, retirez-les et jetez-les. Ajouter l'ail et le poulet et faire revenir légèrement. Ajouter le bouillon et les aubergines, porter à ébullition, couvrir et laisser mijoter 3 minutes en remuant de temps en temps.

Poulet enveloppé dans du bacon

Pour 4 à 6 personnes

225 g/8 oz de poulet, coupé en dés
30 ml/2 cuillères à soupe de sauce soja
15 ml/1 cuillère à soupe de vin de riz ou de xérès sec
5 ml/1 cuillère à café de sucre
5 ml/1 cuillère à café d'huile de sésame
sel et poivre fraîchement moulu
225 g de tranches de bacon
1 œuf légèrement battu
100 g de farine nature (tout usage)
huile pour friture
4 tomates, tranchées

Mélangez le poulet avec la sauce soja, le vin ou le xérès, le sucre, l'huile de sésame, le sel et le poivre. Couvrir et laisser mariner 1 heure en remuant de temps en temps, puis retirer le poulet et jeter la marinade. Coupez le bacon en morceaux et enroulez-le autour des cubes de poulet. Battez les œufs avec la farine en une pâte épaisse, ajoutez un peu de lait si nécessaire. Trempez les cubes dans la pâte. Faites chauffer l'huile et faites frire les cubes jusqu'à ce qu'ils soient dorés et cuits. Servir garni de tomates.

Poulet aux germes de soja

Offres 4

45 ml/3 cuillères à soupe d'huile d'arachide
1 gousse d'ail écrasée
1 oignon nouveau (oignon), haché
1 tranche de racine de gingembre, hachée
225 g/8 oz de poitrine de poulet, coupée en lanières
225 g de germes de soja
45 ml/3 cuillères à soupe de sauce soja
15 ml/1 cuillère à soupe de vin de riz ou de xérès sec
5 ml/1 cuillère à café de farine de maïs (amidon de maïs)

Faites chauffer l'huile et faites revenir l'ail, l'oignon nouveau et le gingembre jusqu'à ce qu'ils soient légèrement dorés. Ajoutez le poulet et faites revenir 5 minutes. Ajoutez les germes de soja et faites sauter pendant 2 minutes. Mélangez la sauce soja, le vin ou le xérès et la semoule de maïs et faites frire pendant environ 3 minutes jusqu'à ce que le poulet soit cuit.

Poulet à la sauce aux haricots noirs

Offres 4

30 ml/2 cuillères à soupe d'huile d'arachide
5 ml/1 cuillère à café de sel
30 ml/2 cuillères à soupe de sauce aux haricots noirs
2 gousses d'ail écrasées
450 g de poulet en dés
250 ml / 8 onces liquides / 1 tasse
1 poivron vert, coupé en dés
1 oignon, haché
15 ml/1 cuillère à soupe de sauce soja
poivre fraîchement moulu
15 ml/1 cuillère à soupe de farine de maïs (amidon de maïs)
45 ml/3 cuillères à soupe d'eau

Faites chauffer l'huile et faites revenir le sel, les haricots noirs et l'ail pendant 30 secondes. Ajouter le poulet et faire revenir jusqu'à ce qu'il soit légèrement doré. Remuez le bouillon, portez à ébullition, couvrez et laissez mijoter 10 minutes. Ajouter le poivron, l'oignon, la sauce soja et le poivre, couvrir et laisser mijoter encore 10 minutes. Mélangez la semoule de maïs et l'eau pour obtenir une pâte, incorporez la sauce et faites cuire en remuant jusqu'à ce que la sauce épaississe et que le poulet soit cuit.

Poulet au brocoli

Offres 4

450 g de poulet en dés
225 g de foie de poulet
45 ml/3 cuillères à soupe de farine nature (générale)
45 ml/3 cuillères à soupe d'huile d'arachide
1 oignon coupé en dés
1 poivron rouge, coupé en dés
1 poivron vert, coupé en dés
225 g de fleurons de brocoli
4 tranches d'ananas, coupées en dés
30 ml/2 cuillères à soupe de purée de tomates (pâte)
30 ml/2 cuillères à soupe de sauce hoisin

30 ml/2 cuillères à soupe de miel
30 ml/2 cuillères à soupe de sauce soja
300 ml/½ pt/1¼ tasse de bouillon de poulet
10 ml/2 cuillères à café d'huile de sésame

Mélanger le poulet et les foies de poulet avec la farine. Faites chauffer l'huile et faites revenir le foie pendant 5 minutes, puis retirez-le de la poêle. Ajoutez le poulet, couvrez et laissez cuire à feu doux pendant 15 minutes en remuant de temps en temps. Ajoutez les légumes et l'ananas et faites sauter pendant 8 minutes. Remettez les foies dans le wok, ajoutez le reste des ingrédients et faites chauffer jusqu'à ébullition. Laisser mijoter en remuant jusqu'à ce que la sauce épaississe.

Poulet au chou et aux noix

Offres 4

45 ml/3 cuillères à soupe d'huile d'arachide
30 ml/2 cuillères à soupe de cacahuètes
450 g de poulet en dés
½ chou coupé en carrés
15 ml/1 cuillère à soupe de sauce aux haricots noirs
2 piments rouges, moulus

5 ml/1 cuillère à café de sel

Faites chauffer un peu d'huile et faites revenir les noix pendant quelques minutes en remuant constamment. Retirer, égoutter et écraser. Faites chauffer le reste de l'huile et faites revenir le poulet et le chou jusqu'à ce qu'ils soient légèrement dorés. Retirer de la poêle. Ajouter la sauce aux haricots noirs et le piment et faire sauter pendant 2 minutes. Remettez le poulet et le chou dans la poêle avec les cacahuètes concassées et assaisonnez de sel. Faire sauter jusqu'à ce que le tout soit bien chaud et servir immédiatement.

Poulet aux noix de cajou

Offres 4

30 ml/2 cuillères à soupe de sauce soja
30 ml/2 cuillères à soupe de farine de maïs (amidon de maïs)
15 ml/1 cuillère à soupe de vin de riz ou de xérès sec
350 g/12 oz de poulet, coupé en dés
45 ml/3 cuillères à soupe d'huile d'arachide
2,5 ml/½ cuillère à café de sel
2 gousses d'ail écrasées
225 g/8 oz de champignons, tranchés
100 g/4 oz de châtaignes d'eau, tranchées
100 g de pousses de bambou

50 g de mangetout (pois mange-tout)
225 g/8 oz/2 tasses de noix de cajou
300 ml/½ pt/1 ¼ tasse de bouillon de poulet

Mélangez la sauce soja, la semoule de maïs et le vin ou le xérès, versez sur le poulet, couvrez et laissez mariner au moins 1 heure. Faites chauffer 30 ml/2 cuillères à soupe d'huile avec le sel et l'ail et faites revenir jusqu'à ce que l'ail soit légèrement brun. Ajoutez le poulet avec la marinade et faites sauter pendant 2 minutes jusqu'à ce que le poulet soit légèrement brun. Ajoutez les champignons, les châtaignes d'eau, les pousses de bambou et le mangetout et faites sauter 2 minutes. Pendant ce temps, faites chauffer le reste de l'huile dans une poêle à part et faites revenir les noix de cajou à feu doux pendant quelques minutes jusqu'à ce qu'elles soient dorées. Ajoutez-les dans la casserole avec le bouillon, portez à ébullition, couvrez et laissez mijoter 5 minutes. Si la sauce n'a pas suffisamment épaissi, ajoutez un peu de semoule de maïs mélangée à une cuillerée d'eau et remuez jusqu'à ce que la sauce épaississe et clair.

Poulet aux châtaignes

Offres 4

225 g/8 oz de poulet, tranché

5 ml/1 cuillère à café de sel

15 ml/1 cuillère à soupe de sauce soja

huile pour friture

250 ml / 8 fl oz / 1 tasse de bouillon de poulet

200 g de châtaignes d'eau hachées

225 g de châtaignes hachées

225 g/8 oz de champignons, coupés en quartiers

15 ml/1 cuillère à soupe de persil frais haché

Saupoudrez le poulet de sel et de sauce soja et frottez-le bien. Faites chauffer l'huile et faites frire les poulets jusqu'à ce qu'ils soient dorés, retirez-les et égouttez-les. Mettez le poulet dans une casserole avec le bouillon, portez à ébullition et laissez cuire 5 minutes. Ajoutez les châtaignes d'eau, les châtaignes et les champignons, couvrez et laissez mijoter environ 20 minutes jusqu'à ce que le tout soit cuit. Servir garni de persil.

Poulet au piment fort

Offres 4

350 g de poulet, coupé en dés
1 œuf légèrement battu
10 ml/2 cuillères à café de sauce soja
2,5 ml/½ cuillère à café de semoule de maïs (amidon de maïs)
huile pour friture
1 poivron vert, coupé en dés
4 gousses d'ail écrasées
2 piments rouges, hachés
5 ml/1 cuillère à café de poivre fraîchement moulu
5 ml/1 cuillère à café de vinaigre de vin

5 ml/1 cuillère à café d'eau

2,5 ml/½ cuillère à café de sucre

2,5 ml/½ cuillère à café d'huile de piment

2,5 ml/½ cuillère à café d'huile de sésame

Mélangez l'œuf, la moitié de la sauce soja et la semoule de maïs et laissez reposer 30 minutes. Faites chauffer l'huile et faites frire les poulets jusqu'à ce qu'ils soient dorés et égouttez-les bien. Versez tout l'huile de la poêle sauf 15 ml/1 cuillère à soupe, ajoutez le paprika, l'ail et le piment et faites frire pendant 30 secondes. Ajoutez le poivre, le vinaigre de vin, l'eau et le sucre et faites frire pendant 30 secondes. Remettez le poulet dans la poêle et faites-le revenir quelques minutes jusqu'à ce qu'il soit cuit. Servir saupoudré de piment et d'huile de sésame.

Poulet frit au piment

Offres 4

225 g/8 oz de poulet, tranché

2,5 ml/½ cuillère à café de sauce soja

2,5 ml/½ cuillère à café d'huile de sésame

2,5 ml/½ cuillère à café de vin de riz ou de xérès sec

5 ml/1 cuillère à café de farine de maïs (amidon de maïs)

sel

45 ml/3 cuillères à soupe d'huile d'arachide

100 g d'épinards

4 oignons nouveaux (oignons), hachés

2,5 ml/½ cuillère à café de poudre de chili

15 ml/1 cuillère à soupe d'eau

1 tomate, tranchée

Mélangez le poulet avec la sauce soja, l'huile de sésame, le vin ou le xérès, la moitié de la semoule de maïs et une pincée de sel. Laisser reposer 30 minutes. Faites chauffer 15 ml/1 cuillère à soupe d'huile et faites frire le poulet jusqu'à ce qu'il soit légèrement doré. Retirer du wok. Faites chauffer 15 ml/1 cuillère à soupe d'huile et faites sauter les épinards jusqu'à ce qu'ils soient fanés, puis retirez-les du wok. Faites chauffer le reste de l'huile et faites revenir l'oignon nouveau, la poudre de chili, l'eau et le reste de la semoule de maïs pendant 2 minutes. Incorporer le poulet et faire revenir rapidement. Disposez les épinards autour de l'assiette de service chauffée, saupoudrez de poulet et servez garni de tomates.

Côtelette de poulet Suey

Offres 4

100 g de feuilles chinoises, déchiquetées

100 g de pousses de bambou coupées en lanières

60 ml/4 cuillères à soupe d'huile d'arachide

3 oignons nouveaux (oignons), tranchés

2 gousses d'ail écrasées

1 tranche de racine de gingembre, hachée

225 g/8 oz de poitrine de poulet, coupée en lanières

45 ml/3 cuillères à soupe de sauce soja

15 ml/1 cuillère à soupe de vin de riz ou de xérès sec

5 ml/1 cuillère à café de sel

2,5 ml/½ cuillère à café de sucre

poivre fraîchement moulu

15 ml/1 cuillère à soupe de farine de maïs (amidon de maïs)

Blanchir les feuilles de Chine et les pousses de bambou dans l'eau bouillante pendant 2 minutes. Égoutter et sécher. Faites chauffer 45 ml/3 cuillères à soupe d'huile et faites revenir l'oignon, l'ail et le gingembre jusqu'à ce qu'ils soient légèrement dorés. Ajoutez le poulet et faites revenir 4 minutes. Retirer de la poêle. Faites chauffer le reste de l'huile et faites revenir les légumes pendant 3 minutes. Ajoutez le poulet, la sauce soja, le vin ou le xérès, le sel, le sucre et une pincée de poivre et faites sauter pendant 1 minute. Mélangez un peu d'eau à la semoule de maïs, mélangez à la sauce et faites cuire en remuant jusqu'à ce que la sauce soit claire et épaissie.

Poulet chow mein

Offres 4

30 ml/2 cuillères à soupe d'huile d'arachide
2 gousses d'ail écrasées

450 g de poulet, tranché

225 g de pousses de bambou, tranchées

100 g/4 oz de céleri, tranché

225 g/8 oz de champignons, tranchés

450 ml/¾ pt/2 tasses de bouillon de poulet

225 g de germes de soja

4 oignons, tranchés

30 ml/2 cuillères à soupe de sauce soja

30 ml/2 cuillères à soupe de farine de maïs (amidon de maïs)

225 g de nouilles chinoises séchées

Faites chauffer l'huile avec l'ail jusqu'à ce qu'ils soient légèrement dorés, puis ajoutez le poulet et faites sauter pendant 2 minutes jusqu'à ce qu'il soit légèrement doré. Ajoutez les pousses de bambou, le céleri et les champignons et faites sauter pendant 3 minutes. Ajouter la majeure partie du bouillon, porter à ébullition, couvrir et laisser mijoter 8 minutes. Ajouter les germes de soja et les oignons et cuire 2 minutes en remuant jusqu'à ce qu'il ne reste plus qu'un peu de bouillon. Mélangez le reste du bouillon avec la sauce soja et la semoule de maïs. Mélangez-le dans la poêle et faites cuire en remuant jusqu'à ce que la sauce soit claire et épaissie.

Pendant ce temps, faites cuire les nouilles dans de l'eau salée pendant quelques minutes selon les instructions figurant sur l'emballage. Bien égoutter, puis mélanger avec le mélange de poulet et servir immédiatement.

Poulet assaisonné frit croustillant

Offres 4

450 g de poulet coupé en morceaux
30 ml/2 cuillères à soupe de sauce soja
30 ml/2 cuillères à soupe de sauce aux prunes
45 ml/3 cuillères à soupe de chutney de mangue
1 gousse d'ail écrasée
2,5 ml/½ cuillère à café de gingembre moulu
quelques gouttes de cognac
30 ml/2 cuillères à soupe de farine de maïs (amidon de maïs)

2 oeufs, battus
100 g/4 oz/1 tasse de chapelure sèche
30 ml/2 cuillères à soupe d'huile d'arachide
6 oignons nouveaux (oignons verts), hachés
1 poivron rouge, coupé en dés
1 poivron vert, coupé en dés
30 ml/2 cuillères à soupe de sauce soja
30 ml/2 cuillères à soupe de miel
30 ml/2 cuillères à soupe de vinaigre de vin

Mettez le poulet dans un bol. Mélangez les sauces, le chutney, l'ail, le gingembre et le cognac, versez sur le poulet, couvrez et laissez mariner 2 heures. Égouttez le poulet puis saupoudrez-le de semoule de maïs. Badigeonnez les œufs puis la chapelure. Faites chauffer l'huile et faites frire les poulets jusqu'à ce qu'ils soient dorés. Retirer de la poêle. Ajoutez les légumes et faites sauter pendant 4 minutes, puis retirez. Égoutter l'huile de la poêle et remettre le poulet et les légumes dans la poêle avec les autres ingrédients. Porter à ébullition et réchauffer avant de servir.

Poulet frit au concombre

Offres 4

225 g de poulet

1 blanc d'oeuf

2,5 ml/½ cuillère à café de semoule de maïs (amidon de maïs)

sel

½ concombre

30 ml/2 cuillères à soupe d'huile d'arachide

100 g de champignons

50 g de pousses de bambou coupées en lanières

50 g de jambon coupé en dés

15 ml/1 cuillère à soupe d'eau

2,5 ml/½ cuillère à café de sel

2,5 ml/½ cuillère à café de vin de riz ou de xérès sec

2,5 ml/½ cuillère à café d'huile de sésame

Tranchez le poulet et coupez-le en morceaux. Mélanger avec le blanc d'œuf, la semoule de maïs et le sel et laisser reposer. Coupez le concombre en deux dans le sens de la longueur et coupez-le en tranches épaisses en diagonale. Faites chauffer l'huile et faites revenir le poulet jusqu'à ce qu'il soit légèrement doré, puis retirez-le de la poêle. Ajoutez le concombre et les pousses de bambou et faites sauter pendant 1 minute. Remettez le poulet dans la poêle avec le jambon, l'eau, le sel et le vin ou le xérès. Porter à ébullition et cuire jusqu'à ce que le poulet soit bien cuit. Servir arrosé d'huile de sésame.

Curry de poulet et chili

Offres 4

120 ml/4 fl oz/½ tasse d'huile d'arachide

4 morceaux de poulet

1 oignon, haché

5 ml/1 cuillère à café de curry en poudre

5 ml/1 cuillère à café de sauce chili

15 ml/1 cuillère à soupe de vin de riz ou de xérès sec

2,5 ml/½ cuillère à café de sel

600 ml/1 pt/2½ tasses de bouillon de poulet
15 ml/1 cuillère à soupe de farine de maïs (amidon de maïs)
45 ml/3 cuillères à soupe d'eau
5 ml/1 cuillère à café d'huile de sésame

Faites chauffer l'huile et faites frire les morceaux de poulet jusqu'à ce qu'ils soient dorés des deux côtés et retirez-les de la poêle. Ajoutez l'oignon, la poudre de curry et la sauce chili et faites sauter pendant 1 minute. Ajoutez le vin ou le xérès et le sel, mélangez bien, puis remettez le poulet dans la poêle et mélangez à nouveau. Ajouter le bouillon, porter à ébullition et cuire lentement environ 30 minutes jusqu'à ce que le poulet soit cuit. Si la sauce ne s'est pas suffisamment évaporée, mélangez la semoule de maïs et l'eau pour obtenir une pâte, mélangez-en un peu à la sauce et faites cuire en remuant jusqu'à ce que la sauce épaississe. Servir arrosé d'huile de sésame.

Curry de poulet chinois

Offres 4

45 ml/3 cuillères à soupe de curry en poudre
1 oignon, tranché
350 g de poulet en dés
150 ml / ¼ pt / généreux ½ tasse de bouillon de poulet
5 ml/1 cuillère à café de sel

10 ml/2 cuillères à café de farine de maïs (amidon de maïs)
15 ml/1 cuillère à soupe d'eau

Faites chauffer la poudre de curry et l'oignon dans une poêle sèche pendant 2 minutes, en secouant la poêle pour bien enrober l'oignon. Ajoutez le poulet et remuez jusqu'à ce qu'il soit bien enrobé de poudre de curry. Ajouter le bouillon et le sel, porter à ébullition, couvrir et laisser mijoter environ 5 minutes jusqu'à ce que le poulet soit cuit. Mélangez la semoule de maïs et l'eau pour obtenir une pâte, mélangez dans la poêle et faites cuire en remuant jusqu'à ce que la sauce épaississe.

Poulet au curry rapide

Offres 4

450 g de poitrines de poulet coupées en dés
45 ml/3 cuillères à soupe de vin de riz ou de xérès sec
50 g/2 oz de semoule de maïs (amidon de maïs)
1 blanc d'oeuf

sel

150 ml / ¼ pt / généreuse ½ tasse d'huile d'arachide

15 ml/1 cuillère à soupe de curry en poudre

10 ml/2 cuillères à café de cassonade

150 ml / ¼ pt / généreux ½ tasse de bouillon de poulet

Mélangez les cubes de poulet et le xérès. Réserver 10 ml/2 cuillères à café de semoule de maïs. Fouetter le blanc d'œuf avec le reste de semoule de maïs et une pincée de sel, puis incorporer au poulet jusqu'à ce qu'il soit bien enrobé. Faites chauffer l'huile et faites frire le poulet jusqu'à ce qu'il soit cuit et doré. Retirer de la poêle et égoutter tout sauf 15 ml/1 c. Incorporer la farine de maïs réservée, la poudre de curry et le sucre et faire revenir pendant 1 minute. Incorporer le bouillon, porter à ébullition et cuire en remuant constamment jusqu'à ce que la sauce épaississe. Remettez le poulet dans la poêle, remuez et réchauffez avant de servir.

Poulet au curry et pommes de terre

Offres 4

45 ml/3 cuillères à soupe d'huile d'arachide

2,5 ml/½ cuillère à café de sel

1 gousse d'ail écrasée

750 g de poulet, coupé en dés

225 g de pommes de terre en dés

4 oignons, tranchés

15 ml/1 cuillère à soupe de curry en poudre

450 ml/¾ pt/2 tasses de bouillon de poulet

225 g/8 oz de champignons, tranchés

Faites chauffer l'huile avec le sel et l'ail, ajoutez le poulet et faites-le revenir jusqu'à ce qu'il soit légèrement doré. Ajoutez les pommes de terre, les oignons et la poudre de curry et faites sauter pendant 2 minutes. Ajouter le bouillon, porter à ébullition, couvrir et laisser mijoter environ 20 minutes jusqu'à ce que le poulet soit cuit, en remuant de temps en temps. Ajoutez les champignons, retirez le couvercle et laissez mijoter encore 10 minutes jusqu'à ce que le liquide se soit évaporé.

Cuisses de poulet frites

Offres 4

2 grosses cuisses de poulet, désossées

2 oignons nouveaux (oignons)

1 tranche de gingembre, battue jusqu'à consistance lisse

120 ml/4 fl oz/½ tasse de sauce soja
5 ml/1 cuillère à café de vin de riz ou de xérès sec
huile pour friture
5 ml/1 cuillère à café d'huile de sésame
poivre fraîchement moulu

Étalez la viande de poulet et coupez-la partout. Battez 1 oignon nouveau à plat et hachez l'autre. Mélangez l'oignon nouveau aplati avec le gingembre, la sauce soja et le vin ou le xérès. Versez sur le poulet et laissez mariner 30 minutes. Retirer et égoutter. Disposer sur une assiette sur une grille vapeur et cuire à la vapeur pendant 20 minutes.

Faites chauffer l'huile et faites frire le poulet pendant environ 5 minutes jusqu'à ce qu'il soit doré. Retirer de la casserole, bien égoutter, couper en tranches épaisses et placer les tranches sur une assiette de service chaude. Faites chauffer l'huile de sésame, ajoutez l'oignon nouveau haché et le poivre, versez sur le poulet et servez.

Poulet frit à la sauce curry

Offres 4

1 œuf légèrement battu
30 ml/2 cuillères à soupe de farine de maïs (amidon de maïs)

25 g/1 oz/¼ tasse de farine nature (tout usage)
2,5 ml/½ cuillère à café de sel
225 g/8 oz de poulet, coupé en dés
huile pour friture
30 ml/2 cuillères à soupe d'huile d'arachide
30 ml/2 cuillères à soupe de curry en poudre
60 ml/4 cuillères à soupe de vin de riz ou de xérès sec

Battez l'œuf avec la semoule de maïs, la farine et le sel pour obtenir une pâte épaisse. Verser sur le poulet et bien mélanger pour enrober. Faites chauffer l'huile et faites frire le poulet jusqu'à ce qu'il soit doré et cuit. Pendant ce temps, faites chauffer l'huile et faites revenir le curry en poudre pendant 1 minute. Incorporer le vin ou le xérès et porter à ébullition. Mettez le poulet dans une assiette chaude et versez dessus la sauce curry.

Poulet ivre

Offres 4

450 g de filet de poulet coupé en morceaux

60 ml/4 cuillères à soupe de sauce soja
30 ml/2 cuillères à soupe de sauce hoisin
30 ml/2 cuillères à soupe de sauce aux prunes
30 ml/2 cuillères à soupe de vinaigre de vin
2 gousses d'ail écrasées
une pincée de sel
quelques gouttes d'huile de piment
2 blancs d'œufs
60 ml/4 cuillères à soupe de farine de maïs (amidon de maïs)
huile pour friture
200 ml/½ pt/1¼ tasse de vin de riz ou de xérès sec

Mettez le poulet dans un bol. Mélangez les sauces et le vinaigre de vin, l'ail, le sel et l'huile de piment, versez sur le poulet et laissez mariner au réfrigérateur pendant 4 heures. Battre les blancs d'œufs en neige ferme et incorporer la semoule de maïs. Sortez le poulet de la marinade et badigeonnez-le du mélange de blancs d'œufs. Faites chauffer l'huile et faites frire le poulet jusqu'à ce qu'il soit cuit et doré. Bien égoutter sur du papier absorbant et placer dans un bol. Verser sur le vin ou le xérès, couvrir et laisser mariner au réfrigérateur pendant 12 heures. Retirez le poulet du vin et servez froid.

Poulet salé aux œufs

Offres 4

30 ml/2 cuillères à soupe d'huile d'arachide
4 morceaux de poulet
2 oignons nouveaux (oignons), hachés
1 gousse d'ail écrasée
1 tranche de racine de gingembre, hachée
175 ml/6 fl oz/¾ tasse de sauce soja
30 ml/2 cuillères à soupe de vin de riz ou de xérès sec
30 ml/2 cuillères à soupe de cassonade
5 ml/1 cuillère à café de sel
375 ml/13 fl oz/1½ tasse d'eau
4 œufs durs (à la coque)
15 ml/1 cuillère à soupe de farine de maïs (amidon de maïs)

Faites chauffer l'huile et faites frire les morceaux de poulet jusqu'à ce qu'ils soient dorés. Ajouter les oignons nouveaux, l'ail et le gingembre et faire revenir pendant 2 minutes. Ajouter la sauce soja, le vin ou le xérès, le sucre et le sel et bien mélanger. Ajoutez de l'eau et portez à ébullition, couvrez et laissez cuire 20 minutes. Ajoutez les œufs durs, couvrez et laissez cuire encore 15 minutes. Mélangez un peu d'eau à la semoule de maïs, mélangez à la sauce et faites cuire en remuant jusqu'à ce que la sauce soit claire et épaissie.

Nems au poulet

Offres 4

4 champignons chinois séchés
100 g de poulet coupé en lanières

5 ml/1 cuillère à café de farine de maïs (amidon de maïs)

15 ml/1 cuillère à soupe de sauce soja

2,5 ml/½ cuillère à café de sel

2,5 ml/½ cuillère à café de sucre

60 ml/4 cuillères à soupe d'huile d'arachide

225 g de germes de soja

3 oignons nouveaux (oignons), hachés

100 g d'épinards

12 peaux de nems

1 œuf battu

huile pour friture

Faites tremper les champignons dans l'eau tiède pendant 30 minutes et égouttez-les. Jetez les tiges et hachez les chapeaux. Mettez le poulet dans un bol. Mélangez la semoule de maïs avec 5 ml/1 cuillère à café de sauce soja, le sel et le sucre et incorporez-la au poulet. Laisser reposer 15 minutes. Faites chauffer la moitié de l'huile et faites frire le poulet jusqu'à ce qu'il soit légèrement doré. Cuire les germes de soja dans l'eau bouillante pendant 3 minutes et égoutter. Faites chauffer le reste de l'huile et faites revenir les oignons nouveaux jusqu'à ce qu'ils soient légèrement dorés. Incorporer les champignons, les germes de soja, les épinards et le reste de la sauce soja. Ajoutez le poulet et faites revenir 2 minutes. Laissez-le refroidir. Mettez un peu de garniture au centre de chaque peau et badigeonnez les bords d'œuf battu. Pliez les côtés, roulez les nems et scellez les bords avec l'œuf. Faites chauffer l'huile et faites frire les nems jusqu'à ce qu'ils soient croustillants et dorés.

Poulet mijoté aux œufs

Offres 4

30 ml/2 cuillères à soupe d'huile d'arachide
4 filets de poitrine de poulet coupés en lanières
1 poivron rouge coupé en lanières
1 poivron vert coupé en lanières
45 ml/3 cuillères à soupe de sauce soja
45 ml/3 cuillères à soupe de vin de riz ou de xérès sec
250 ml / 8 fl oz / 1 tasse de bouillon de poulet
100 g de laitue iceberg hachée
5 ml/1 cuillère à café de cassonade
30 ml/2 cuillères à soupe de sauce hoisin
sel et poivre
15 ml/1 cuillère à soupe de farine de maïs (amidon de maïs)
30 ml/2 cuillères à soupe d'eau
4 œufs
30 ml/2 cuillères à soupe de xérès

Faites chauffer l'huile et faites frire le poulet et les poivrons jusqu'à ce qu'ils soient dorés. Ajouter la sauce soja, le vin ou le xérès et le bouillon, porter à ébullition, couvrir et laisser mijoter 30 minutes. Ajouter la laitue, le sucre et la sauce hoisin et assaisonner de sel et de poivre. Mélangez la semoule de maïs et l'eau, incorporez-la à la sauce et portez à ébullition en remuant. Battez les œufs avec le xérès et faites-les frire en fines omelettes. Saupoudrer de sel et de poivre et déchirer en lanières. Placer dans un plat de service chaud et verser sur le poulet.

Poulet d'Extrême-Orient

Offres 4

60 ml/4 cuillères à soupe d'huile d'arachide
450 g de poulet coupé en morceaux
2 gousses d'ail écrasées
2,5 ml/½ cuillère à café de sel
2 oignons, hachés
2 tiges de gingembre hachées
45 ml/3 cuillères à soupe de sauce soja
30 ml/2 cuillères à soupe de sauce hoisin
45 ml/3 cuillères à soupe de vin de riz ou de xérès sec
300 ml/½ pt/1 ¼ tasse de bouillon de poulet
5 ml/1 cuillère à café de poivre fraîchement moulu
6 œufs durs (à la coque), hachés
15 ml/1 cuillère à soupe de farine de maïs (amidon de maïs)
15 ml/1 cuillère à soupe d'eau

Faites chauffer l'huile et faites frire le poulet jusqu'à ce qu'il soit doré. Ajouter l'ail, le sel, les oignons et le gingembre et faire revenir 2 minutes. Ajouter la sauce soja, la sauce hoisin, le vin ou le xérès, le bouillon et le poivre. Porter à ébullition, couvrir et laisser mijoter 30 minutes. Ajoutez les œufs. Mélanger la semoule de maïs et l'eau et incorporer à la sauce. Porter à ébullition et cuire en remuant jusqu'à ce que la sauce épaississe.

Poulet Foo Yung

Offres 4

6 œufs battus
45 ml/3 cuillères à soupe de farine de maïs (amidon de maïs)
100 g de champignons, hachés grossièrement
225 g de poitrine de poulet coupée en dés
1 oignon, haché
5 ml/1 cuillère à café de sel
45 ml/3 cuillères à soupe d'huile d'arachide

Battez les œufs puis incorporez la semoule de maïs. Incorporer tous les autres ingrédients sauf l'huile. Chauffer l'huile. Versez le mélange dans la poêle petit à petit pour réaliser des petites crêpes d'environ 7,5 cm de diamètre. Faites frire jusqu'à ce que le fond soit doré, retournez et faites frire l'autre côté.

Foo Yung au jambon et au poulet

Offres 4

6 œufs battus
45 ml/3 cuillères à soupe de farine de maïs (amidon de maïs)
100 g de jambon coupé en dés
225 g de poitrine de poulet coupée en dés
3 oignons nouveaux (oignons), hachés
5 ml/1 cuillère à café de sel
45 ml/3 cuillères à soupe d'huile d'arachide

Battez les œufs puis incorporez la semoule de maïs. Incorporer tous les autres ingrédients sauf l'huile. Chauffer l'huile. Versez le mélange dans la poêle petit à petit pour réaliser des petites crêpes d'environ 7,5 cm de diamètre. Faites frire jusqu'à ce que le fond soit doré, retournez et faites frire l'autre côté.

Poulet frit au gingembre

Offres 4

1 poulet, coupé en deux
4 tranches de racine de gingembre, écrasées
30 ml/2 cuillères à soupe de vin de riz ou de xérès sec
30 ml/2 cuillères à soupe de sauce soja
5 ml/1 cuillère à café de sucre
huile pour friture

Placez le poulet dans un bol peu profond. Mélangez le gingembre, le vin ou le xérès, la sauce soja et le sucre, versez sur le poulet et frottez la peau. Laisser mariner 1 heure. Faites chauffer l'huile et faites frire le poulet moitié par moitié jusqu'à ce qu'il prenne un peu de couleur. Retirer de l'huile et laisser refroidir légèrement tout en réchauffant l'huile. Remettez le poulet dans la poêle et faites-le cuire jusqu'à ce qu'il soit doré et bien cuit. Bien égoutter avant de servir.

Poulet au gingembre

Offres 4

225 g/8 oz de poulet, tranché finement
1 blanc d'oeuf
une pincée de sel
2,5 ml/½ cuillère à café de semoule de maïs (amidon de maïs)
15 ml/1 cuillère à soupe d'huile d'arachide
10 tranches de racine de gingembre
6 champignons, coupés en deux
1 carotte, tranchée
2 oignons nouveaux (oignons verts), tranchés
5 ml/1 cuillère à café de vin de riz ou de xérès sec
5 ml/1 cuillère à café d'eau
2,5 ml/½ cuillère à café d'huile de sésame

Mélangez le poulet avec le blanc d'œuf, le sel et la semoule de maïs. Faites chauffer la moitié de l'huile et faites frire le poulet jusqu'à ce qu'il soit légèrement doré, puis retirez-le de la poêle. Faites chauffer le reste de l'huile et faites revenir le gingembre, les champignons, la carotte et l'oignon nouveau pendant 3 minutes. Remettez le poulet dans la poêle avec le vin ou le xérès et l'eau et faites cuire jusqu'à ce que le poulet soit bien cuit. Servir arrosé d'huile de sésame.

Poulet au gingembre, champignons et châtaignes

Offres 4

60 ml/4 cuillères à soupe d'huile d'arachide
225 g/8 oz d'oignon, tranché
450 g de poulet en dés
100 g/4 oz de champignons, tranchés
30 ml/2 cuillères à soupe de farine nature (générale)
60 ml/4 cuillères à soupe de sauce soja
10 ml/2 cuillères à café de sucre
sel et poivre fraîchement moulu
900 ml/1 ½ pt/3 ¾ tasses d'eau chaude
2 tranches de racine de gingembre, hachées
450 g de châtaignes d'eau

Faites chauffer la moitié de l'huile et faites revenir les oignons pendant 3 minutes, puis retirez-les de la poêle. Faites chauffer le reste de l'huile et faites frire le poulet jusqu'à ce qu'il soit légèrement doré.

Ajouter les champignons et cuire 2 minutes. Saupoudrer la farine dans le mélange et mélanger la sauce soja, le sucre, le sel et le poivre. Versez l'eau et le gingembre, les oignons et les châtaignes. Portez à ébullition, couvrez et laissez mijoter doucement pendant 20 minutes. Retirez le couvercle et laissez mijoter lentement jusqu'à ce que la sauce soit évaporée.

Le poulet doré

Offres 4

8 petits morceaux de poulet
300 ml/½ pt/1 ¼ tasse de bouillon de poulet
45 ml/3 cuillères à soupe de sauce soja
15 ml/1 cuillère à soupe de vin de riz ou de xérès sec
5 ml/1 cuillère à café de sucre
1 gingembre tranché, moulu

Mettez tous les ingrédients dans une grande casserole, portez à ébullition, couvrez et laissez mijoter environ 30 minutes jusqu'à ce que le poulet soit complètement cuit. Retirez le couvercle et poursuivez la cuisson jusqu'à ce que la sauce soit évaporée.

Ragoût de poulet doré mariné

Offres 4

4 morceaux de poulet

300 ml/½ pt/1 ¼ tasse de sauce soja

huile pour friture

4 oignons nouveaux (oignons), tranchés épaissement

1 tranche de racine de gingembre, moulue

2 piments rouges, tranchés

3 gousses d'anis étoilé

50 g de pousses de bambou, tranchées

150 ml / 1 ½ pt / généreuse ½ tasse de bouillon de poulet

30 ml/2 cuillères à soupe de farine de maïs (amidon de maïs)

60 ml/4 cuillères à soupe d'eau

5 ml/1 cuillère à café d'huile de sésame

Coupez le poulet en gros morceaux et faites-le mariner dans la sauce soja pendant 10 minutes. Retirer et égoutter en réservant la sauce soja. Faites chauffer l'huile et faites frire le poulet pendant environ 2 minutes jusqu'à ce qu'il soit légèrement doré. Retirer et égoutter. Videz tout sauf 30 ml/2 cuillères à soupe d'huile, puis ajoutez les oignons nouveaux, le gingembre, le piment et l'anis étoilé et faites revenir pendant 1 minute. Remettez le poulet dans la poêle avec les pousses de bambou et la sauce soja réservée et ajoutez juste assez de bouillon pour couvrir le poulet. Porter à ébullition et cuire environ 10 minutes jusqu'à ce que le poulet soit cuit. Retirez le poulet de la sauce avec une écumoire et placez-le sur une assiette de service chaude. Filtrez la sauce et remettez-la dans la poêle. Mélangez la semoule de maïs et l'eau pour obtenir une pâte, mélangez-la à la sauce et faites cuire en remuant jusqu'à ce que la sauce épaississe.

Pièces d'or

Offres 4

4 poitrines de poulet
30 ml/2 cuillères à soupe de miel
30 ml/2 cuillères à soupe de vinaigre de vin
30 ml/2 cuillères à soupe de ketchup aux tomates (catsup)
30 ml/2 cuillères à soupe de sauce soja
une pincée de sel
2 gousses d'ail écrasées
5 ml/1 cuillère à café de poudre aux cinq épices
45 ml/3 cuillères à soupe de farine nature (générale)
2 oeufs, battus
5 ml/1 cuillère à café de racine de gingembre râpée
5 ml/1 cuillère à café de zeste de citron râpé
100 g/4 oz/1 tasse de chapelure sèche
huile pour friture

Mettez le poulet dans un bol. Mélangez le miel, le vinaigre de vin, le ketchup aux tomates, la sauce soja, le sel, l'ail et la poudre de cinq épices. Versez sur le poulet, mélangez bien, couvrez et laissez mariner au réfrigérateur pendant 12 heures.

Retirez le poulet de la marinade et coupez-le en lanières de l'épaisseur d'un doigt. Broyer avec de la farine. Battez les œufs, le gingembre et le zeste de citron. Enrober le poulet avec le mélange puis avec la chapelure jusqu'à ce qu'il soit uniformément enrobé. Faites chauffer l'huile et faites frire les poulets jusqu'à ce qu'ils soient dorés.

Poulet vapeur au jambon

Offres 4

4 morceaux de poulet
100 g de jambon fumé, haché
3 oignons nouveaux (oignons), hachés
15 ml/1 cuillère à soupe d'huile d'arachide
sel et poivre fraîchement moulu
15 ml/1 cuillère à soupe de feuilles de persil

Coupez les morceaux de poulet en morceaux de 5 cm/1 et placez-les dans un bol allant au four avec le jambon et les oignons nouveaux. Saupoudrer d'huile, assaisonner de sel et de poivre et mélanger délicatement les ingrédients. Placez le bol dans le cuiseur vapeur sur la grille, couvrez et faites cuire à la vapeur sur de l'eau bouillante pendant environ 40 minutes jusqu'à ce que le poulet soit cuit. Servir garni de persil.

Poulet à la sauce Hoisin

Offres 4

4 morceaux de poulet coupés en deux
50 g/2 oz/½ tasse de fécule de maïs
huile pour friture
10 ml/2 cuillères à café de racine de gingembre râpée
2 oignons, hachés
225 g de fleurons de brocoli
1 poivron rouge, haché
225g/8oz de champignons
250 ml / 8 fl oz / 1 tasse de bouillon de poulet
45 ml/3 cuillères à soupe de vin de riz ou de xérès sec
45 ml/3 cuillères à soupe de vinaigre de cidre
45 ml/3 cuillères à soupe de sauce hoisin
20 ml/4 cuillères à café de sauce soja

Enrober les morceaux de poulet de la moitié de la semoule de maïs. Faites chauffer l'huile et faites frire les morceaux de poulet quelques-uns à la fois pendant environ 8 minutes, jusqu'à ce qu'ils soient dorés et bien cuits. Retirer de la poêle et égoutter sur du papier absorbant. Retirez tout l'huile de la poêle sauf 30 ml/2 cuillères à soupe et faites sauter le gingembre pendant 1 minute. Ajouter les oignons et faire revenir 1 minute. Ajoutez le brocoli, le poivron et les champignons et faites sauter pendant 2 minutes. Mélangez le bouillon avec la semoule de maïs réservée et le reste des ingrédients et ajoutez-le à la poêle. Porter à ébullition en remuant et cuire jusqu'à ce que la sauce devienne claire. Remettez le poulet dans le wok et faites cuire en remuant pendant environ 3 minutes jusqu'à ce qu'il soit bien chaud.

Poulet au miel

Offres 4

30 ml/2 cuillères à soupe d'huile d'arachide
4 morceaux de poulet
30 ml/2 cuillères à soupe de sauce soja
120 ml/4 fl oz/½ tasse de vin de riz ou de xérès sec
30 ml/2 cuillères à soupe de miel
5 ml/1 cuillère à café de sel

1 oignon nouveau (oignon), haché
1 tranche de racine de gingembre, hachée

Faites chauffer l'huile et faites frire le poulet de tous les côtés jusqu'à ce qu'il soit doré. Égoutter l'excès d'huile. Mélangez le reste des ingrédients et versez dans la casserole. Porter à ébullition, couvrir et laisser mijoter environ 40 minutes jusqu'à ce que le poulet soit cuit.

Poulet Kung Pao

Offres 4

450 g de poulet, coupé en dés
1 blanc d'oeuf
5 ml/1 cuillère à café de sel
30 ml/2 cuillères à soupe de farine de maïs (amidon de maïs)
60 ml/4 cuillères à soupe d'huile d'arachide
25 g/1 oz de piment rouge séché, haché
5 ml/1 cuillère à café d'ail émincé
15 ml/1 cuillère à soupe de sauce soja
15 ml/1 cuillère à soupe de vin de riz ou de xérès sec 5 ml/1 cuillère à café de sucre
5 ml/1 cuillère à café de vinaigre de vin
5 ml/1 cuillère à café d'huile de sésame
30 ml/2 cuillères à soupe d'eau

Mettez le poulet dans un bol avec le blanc d'oeuf, le sel et la moitié de la semoule de maïs et laissez mariner 30 minutes. Faites chauffer l'huile et faites frire le poulet jusqu'à ce qu'il soit légèrement doré, puis retirez-le de la poêle. Faites chauffer à nouveau l'huile et faites revenir le piment et l'ail pendant 2 minutes. Remettez le poulet dans la poêle avec la sauce soja, le vin ou le xérès, le sucre, le vinaigre de vin et l'huile de sésame et faites sauter pendant 2 minutes. Mélangez le reste de la semoule de maïs avec de l'eau, mélangez-la dans la casserole et faites cuire en remuant jusqu'à ce que la sauce devienne claire et épaississe.

Poulet aux poireaux

Offres 4

30 ml/2 cuillères à soupe d'huile d'arachide
5 ml/1 cuillère à café de sel
225 g de poireaux, tranchés
1 tranche de racine de gingembre, hachée
225 g/8 oz de poulet, tranché finement
15 ml/1 cuillère à soupe de vin de riz ou de xérès sec
15 ml/1 cuillère à soupe de sauce soja

Faites chauffer la moitié de l'huile et faites revenir le sel et les poireaux jusqu'à ce qu'ils soient légèrement dorés, puis retirez-les de la poêle. Faites chauffer le reste de l'huile et faites revenir le gingembre et le poulet jusqu'à ce qu'ils soient légèrement dorés. Ajoutez le vin ou le xérès et la sauce soja et laissez cuire encore 2 minutes jusqu'à ce que le poulet soit bien cuit. Remettez les poireaux dans la poêle et remuez jusqu'à ce qu'ils soient bien chauds. Servir immédiatement.

Poulet au citron

Offres 4

4 poitrines de poulet désossées
2 oeufs
50 g/2 oz/½ tasse de fécule de maïs
50 g/2 oz/½ tasse de farine nature (tout usage)
150 ml / ¼ pt / une généreuse ½ tasse d'eau
huile d'arachide pour la friture
250 ml / 8 fl oz / 1 tasse de bouillon de poulet
60 ml/5 cuillères à soupe de jus de citron

30 ml/2 cuillères à soupe de vin de riz ou de xérès sec
30 ml/2 cuillères à soupe de farine de maïs (amidon de maïs)
30 ml/2 cuillères à soupe de purée de tomates (pâte)
1 salade principale

Coupez chaque poitrine de poulet en 4 morceaux. Battez les œufs, la semoule de maïs et la farine ordinaire et ajoutez juste assez d'eau pour obtenir une pâte épaisse. Mettez les morceaux de poulet dans la pâte et mélangez jusqu'à ce qu'ils soient bien enrobés. Faites chauffer l'huile et faites frire le poulet jusqu'à ce qu'il soit doré et cuit.

Pendant ce temps, mélangez le bouillon, le jus de citron, le vin ou le xérès, la semoule de maïs et la purée de tomates et faites chauffer doucement en remuant jusqu'à ébullition. Laisser mijoter lentement, en remuant tout le temps, jusqu'à ce que la sauce épaississe et devienne claire. Placez le poulet sur une assiette de service chaude au-dessus des feuilles de laitue et versez la sauce dessus ou servez séparément.

Mélange de poulet au citron

Offres 4

450 g de poulet désossé, tranché

30 ml/2 cuillères à soupe de jus de citron

15 ml/1 cuillère à soupe de sauce soja

15 ml/1 cuillère à soupe de vin de riz ou de xérès sec

30 ml/2 cuillères à soupe de farine de maïs (amidon de maïs)

30 ml/2 cuillères à soupe d'huile d'arachide

2,5 ml/½ cuillère à café de sel

2 gousses d'ail écrasées

50 g de châtaignes d'eau coupées en lanières
50 g de pousses de bambou coupées en lanières
quelques feuilles chinoises coupées en lanières
60 ml/4 cuillères à soupe de bouillon de poulet
15 ml/1 cuillère à soupe de purée de tomates (pâte)
15 ml/1 cuillère à soupe de sucre
15 ml/1 cuillère à soupe de jus de citron

Mettez le poulet dans un bol. Mélangez le jus de citron, la sauce soja, le vin ou le xérès et 15 ml/1 cuillère à soupe de semoule de maïs, versez sur le poulet et laissez mariner 1 heure en retournant de temps en temps.

Faites chauffer l'huile, le sel et l'ail jusqu'à ce que l'ail soit brun clair, puis ajoutez le poulet et la marinade et faites sauter pendant environ 5 minutes jusqu'à ce que le poulet soit brun clair. Ajoutez les châtaignes d'eau, les pousses de bambou et les feuilles de Chine et faites sauter encore 3 minutes ou jusqu'à ce que le poulet soit bien cuit. Ajoutez le reste des ingrédients et faites sauter pendant environ 3 minutes, jusqu'à ce que la sauce devienne claire et épaississe.

Foies de volaille aux pousses de bambou

Offres 4

225 g/8 oz de foie de poulet, tranché épaisse
45 ml/3 cuillères à soupe de vin de riz ou de xérès sec
45 ml/3 cuillères à soupe d'huile d'arachide
15 ml/1 cuillère à soupe de sauce soja
100 g de pousses de bambou, tranchées
100 g/4 oz de châtaignes d'eau, tranchées
60 ml/4 cuillères à soupe de bouillon de poulet
sel et poivre fraîchement moulu

Mélangez les foies de poulet avec du vin ou du xérès et laissez reposer 30 minutes. Faites chauffer l'huile et faites frire les foies de poulet jusqu'à ce qu'ils soient légèrement dorés. Ajouter la marinade, la sauce soja, les pousses de bambou, les châtaignes d'eau et le bouillon. Porter à ébullition et assaisonner de sel et de poivre. Couvrir et laisser mijoter environ 10 minutes jusqu'à tendreté.

Foies de poulet frits

Offres 4

450 g de foie de poulet, coupé en deux
50 g/2 oz/½ tasse de fécule de maïs
huile pour friture

Séchez les foies de poulet, puis saupoudrez de semoule de maïs et secouez l'excédent. Faites chauffer l'huile et faites frire les foies de poulet pendant quelques minutes jusqu'à ce qu'ils soient dorés et cuits. Égoutter sur du papier absorbant avant de servir.

Foies de volaille au mangetout

Offres 4

225 g/8 oz de foie de poulet, tranché épaisse
10 ml/2 cuillères à café de farine de maïs (amidon de maïs)
10 ml/2 cuillères à café de vin de riz ou de xérès sec
15 ml/1 cuillère à soupe de sauce soja
45 ml/3 cuillères à soupe d'huile d'arachide

2,5 ml/½ cuillère à café de sel
2 tranches de racine de gingembre, hachées
100 g de mangetout (pois mange-tout)
10 ml/2 cuillères à café de farine de maïs (amidon de maïs)
60 ml/4 cuillères à soupe d'eau

Mettez les foies de volaille dans un bol. Ajouter la semoule de maïs, le vin ou le xérès et la sauce soja et bien mélanger pour enrober. Faites chauffer la moitié de l'huile et faites revenir légèrement le sel et le gingembre jusqu'à ce qu'ils soient dorés. Ajouter le mangetout et faire sauter jusqu'à ce qu'il soit bien enrobé d'huile, puis retirer de la poêle. Faites chauffer le reste de l'huile et faites frire les foies de poulet pendant 5 minutes jusqu'à ce qu'ils soient cuits. Mélangez la semoule de maïs et l'eau pour obtenir une pâte, mélangez dans la poêle et faites cuire en remuant jusqu'à ce que la sauce soit claire et épaissie. Remettez le mangetout dans la poêle et faites cuire jusqu'à ce qu'il soit bien chaud.

Foies de poulet avec crêpe aux nouilles

Offres 4

30 ml/2 cuillères à soupe d'huile d'arachide
1 oignon, tranché
450 g de foie de poulet, coupé en deux

2 branches de céleri, tranchées

120 ml/4 fl oz/½ tasse de bouillon de poulet

15 ml/1 cuillère à soupe de farine de maïs (amidon de maïs)

15 ml/1 cuillère à soupe de sauce soja

30 ml/2 cuillères à soupe d'eau

crêpe aux nouilles

Faites chauffer l'huile et faites revenir l'oignon jusqu'à ce qu'il ramollisse. Ajouter les foies de poulet et faire revenir jusqu'à ce qu'ils soient colorés. Ajoutez le céleri et faites sauter pendant 1 minute. Ajouter le bouillon, porter à ébullition, couvrir et cuire 5 minutes. Mélangez la semoule de maïs, la sauce soja et l'eau pour obtenir une pâte, mélangez dans la poêle et faites cuire en remuant jusqu'à ce que la sauce devienne claire et épaississe. Versez le mélange sur la crêpe aux nouilles et servez.

Foie de poulet à la sauce d'huîtres

Offres 4

45 ml/3 cuillères à soupe d'huile d'arachide

1 oignon, haché

225 g/8 oz de foies de poulet, coupés en deux

100 g/4 oz de champignons, tranchés

30 ml/2 cuillères à soupe de sauce aux huîtres

15 ml/1 cuillère à soupe de sauce soja

15 ml/1 cuillère à soupe de vin de riz ou de xérès sec

120 ml/4 fl oz/½ tasse de bouillon de poulet

5 ml/1 cuillère à café de sucre

15 ml/1 cuillère à soupe de farine de maïs (amidon de maïs)

45 ml/3 cuillères à soupe d'eau

Faites chauffer la moitié de l'huile et faites revenir l'oignon jusqu'à ce qu'il ramollisse. Ajoutez les foies de poulet et faites-les frire jusqu'à ce qu'ils soient à peine colorés. Ajoutez les champignons et faites revenir 2 minutes. Mélangez la sauce d'huîtres, la sauce soja, le vin ou le xérès, le bouillon et le sucre, versez-le dans la casserole et faites chauffer jusqu'à ébullition en remuant. Mélangez la semoule de maïs et l'eau pour obtenir une pâte, ajoutez-la à la poêle et faites cuire en remuant jusqu'à ce que la sauce soit claire et épaissie et que les foies soient tendres.

Foies de volaille à l'ananas

Offres 4

225 g/8 oz de foies de poulet, coupés en deux

45 ml/3 cuillères à soupe d'huile d'arachide
30 ml/2 cuillères à soupe de sauce soja
15 ml/1 cuillère à soupe de farine de maïs (amidon de maïs)
15 ml/1 cuillère à soupe de sucre
15 ml/1 cuillère à soupe de vinaigre de vin
sel et poivre fraîchement moulu
100 g de morceaux d'ananas
60 ml/4 cuillères à soupe de bouillon de poulet

Faites cuire les foies de volaille dans l'eau bouillante pendant 30 secondes et égouttez-les. Faites chauffer l'huile et faites frire le foie de poulet pendant 30 secondes. Mélangez la sauce soja, la semoule de maïs, le sucre, le vinaigre de vin, le sel et le poivre, versez dans la casserole et mélangez bien pour enrober le foie de volaille. Ajouter les morceaux d'ananas et le bouillon et faire sauter environ 3 minutes jusqu'à ce que les foies soient cuits.

Foie de poulet aigre-doux

Offres 4

30 ml/2 cuillères à soupe d'huile d'arachide
450 g de foie de poulet, coupé en quartiers
2 poivrons verts coupés en morceaux
4 tranches d'ananas en conserve, coupées en morceaux
60 ml/4 cuillères à soupe de bouillon de poulet
30 ml/2 cuillères à soupe de farine de maïs (amidon de maïs)
10 ml/2 cuillères à café de sauce soja
100 g/4 oz/½ tasse de sucre
120 ml/4 fl oz/½ tasse de vinaigre de vin
120 ml/4 fl oz/½ tasse d'eau

Faites chauffer l'huile et faites revenir légèrement les foies jusqu'à ce qu'ils soient dorés, puis transférez-les dans un plat de service chaud. Ajouter les poivrons dans la poêle et faire revenir 3 minutes. Ajouter l'ananas et le bouillon, porter à ébullition, couvrir et laisser mijoter 15 minutes. Mélangez le reste des ingrédients pour obtenir une pâte, mélangez dans la poêle et faites cuire en remuant jusqu'à ce que la sauce épaississe. Verser sur les foies de volaille et servir.

Poulet aux litchis

Offres 4

3 poitrines de poulet
60 ml/4 cuillères à soupe de farine de maïs (amidon de maïs)
45 ml/3 cuillères à soupe d'huile d'arachide
5 oignons nouveaux (oignons), tranchés
1 poivron rouge coupé en morceaux
120 ml/4 fl oz/½ tasse de sauce tomate
120 ml/4 fl oz/½ tasse de bouillon de poulet
5 ml/1 cuillère à café de sucre
275 g de litchis pelés

Coupez les poitrines de poulet en deux, retirez et jetez les os et la peau. Coupez chaque poitrine en 6 morceaux. Réservez 5 ml/1 cuillère à café de semoule de maïs et mélangez le poulet avec la portion restante jusqu'à ce qu'il soit bien enrobé. Faites chauffer l'huile et faites frire le poulet pendant environ 8 minutes jusqu'à ce qu'il soit doré. Ajouter les oignons nouveaux et le poivre et faire revenir 1 minute. Mélangez la sauce tomate, la moitié du bouillon et le sucre et mélangez au wok avec les litchis. Porter à ébullition, couvrir et laisser mijoter environ 10 minutes jusqu'à ce que le poulet soit bien cuit. Mélangez la semoule de maïs et le bouillon réservés, puis incorporez dans la poêle. Laisser mijoter en remuant jusqu'à ce que la sauce soit claire et épaissie.

Poulet à la sauce litchi

Offres 4

225 g de poulet

1 oignon nouveau (oignon)

4 châtaignes d'eau

30 ml/2 cuillères à soupe de farine de maïs (amidon de maïs)

45 ml/3 cuillères à soupe de sauce soja

30 ml/2 cuillères à soupe de vin de riz ou de xérès sec

2 blancs d'œufs

huile pour friture

400 g de litchis au sirop

5 cuillères à soupe de bouillon de poulet

Hachez (écrasez) le poulet avec les oignons nouveaux et les châtaignes d'eau. Mélangez la moitié de la semoule de maïs, 30 ml/2 cuillères à soupe de sauce soja, le vin ou le xérès et les blancs d'œufs. Façonnez le mélange en boules de la taille d'une noix. Faites chauffer l'huile et faites frire les poulets jusqu'à ce qu'ils soient dorés. Égoutter sur du papier absorbant.

Pendant ce temps, faites chauffer doucement le sirop de litchi avec le bouillon et la sauce soja réservée. Mélangez le reste de la semoule de maïs avec un peu d'eau, mélangez-la dans la casserole et faites cuire en remuant jusqu'à ce que la sauce soit claire et épaissie. Mélangez les litchis et faites cuire lentement pour les réchauffer. Disposez le poulet dans une assiette de service chaude, versez dessus le litchi et la sauce et servez aussitôt.

Foulet au Mange-tout

Offres 4

225 g/8 oz de poulet, tranché finement
5 ml/1 cuillère à café de farine de maïs (amidon de maïs)
5 ml/1 cuillère à café de vin de riz ou de xérès sec
5 ml/1 cuillère à café d'huile de sésame
1 blanc d'oeuf légèrement battu
45 ml/3 cuillères à soupe d'huile d'arachide
1 gousse d'ail écrasée
1 tranche de racine de gingembre, moulue
100 g de mangetout (pois mange-tout)
120 ml/4 fl oz/½ tasse de bouillon de poulet
sel et poivre fraîchement moulu

Mélangez le poulet avec la semoule de maïs, le vin ou le xérès, l'huile de sésame et le blanc d'œuf. Faites chauffer la moitié de l'huile et faites revenir l'ail et le gingembre jusqu'à ce qu'ils soient légèrement dorés. Ajoutez le poulet et faites-le frire jusqu'à ce qu'il soit doré, puis retirez-le de la poêle. Faites chauffer le reste de l'huile et faites revenir le mangetout pendant 2 minutes. Ajouter le bouillon, porter à ébullition, couvrir et cuire 2 minutes. Remettez le poulet dans la poêle et assaisonnez de sel et de poivre. Laisser mijoter doucement jusqu'à ce que le tout soit bien chaud.

Poulet aux mangues

Offres 4

100 g/4 oz/1 tasse de farine nature (tout usage)
250 ml / 8 fl oz / 1 tasse d'eau
2,5 ml/½ cuillère à café de sel
une pincée de levure chimique
3 poitrines de poulet
huile pour friture
1 tranche de racine de gingembre, moulue
150 ml / ¼ pt / généreux ½ tasse de bouillon de poulet
45 ml/3 cuillères à soupe de vinaigre de vin
45 ml/3 cuillères à soupe de vin de riz ou de xérès sec

20 ml/4 cuillères à café de sauce soja

10 ml/2 cuillères à café de sucre

10 ml/2 cuillères à café de farine de maïs (amidon de maïs)

5 ml/1 cuillère à café d'huile de sésame

5 oignons nouveaux (oignons), tranchés

400 g de mangues en conserve, égouttées et coupées en lanières

Mélangez ensemble la farine, l'eau, le sel et la levure chimique. Laisser reposer 15 minutes. Retirez et jetez la peau et les os du poulet. Coupez le poulet en fines lanières. Mélangez-les au mélange de farine. Faites chauffer l'huile et faites frire le poulet pendant environ 5 minutes jusqu'à ce qu'il soit doré. Retirer de la poêle et égoutter sur du papier absorbant. Retirez tout l'huile du wok sauf 15 ml/1 cuillère à soupe et faites revenir légèrement le gingembre jusqu'à ce qu'il soit doré. Mélangez le bouillon avec du vinaigre de vin, du vin ou du xérès, de la sauce soja, du sucre, de la semoule de maïs et de l'huile de sésame. Ajouter à la casserole et chauffer jusqu'à ébullition, en remuant. Ajouter les oignons nouveaux et faire revenir pendant 3 minutes. Ajouter le poulet et les mangues et cuire 2 minutes en remuant.

Melon farci au poulet

Offres 4

350 g de poulet

6 châtaignes d'eau

2 pétoncles décortiqués

4 tranches de racine de gingembre

5 ml/1 cuillère à café de sel

15 ml/1 cuillère à soupe de sauce soja

600 ml/1 pt/2½ tasses de bouillon de poulet

8 petits ou 4 moyens melons

Hachez finement le poulet, les châtaignes, les Saint-Jacques et le gingembre et mélangez avec le sel, la sauce soja et le bouillon. Coupez le dessus des melons et retirez les graines. Sciez les bords supérieurs. Remplissez les melons avec le mélange de poulet et placez-les sur la grille du cuiseur vapeur. Cuire à l'eau bouillante pendant 40 minutes jusqu'à ce que le poulet soit cuit.

Faire frire le poulet et les champignons

Offres 4

45 ml/3 cuillères à soupe d'huile d'arachide

1 gousse d'ail écrasée

1 oignon nouveau (oignon), haché

1 tranche de racine de gingembre, moulue

225 g/8 oz de poitrine de poulet, coupée en lanières

225g/8oz de champignons

45 ml/3 cuillères à soupe de sauce soja

15 ml/1 cuillère à soupe de vin de riz ou de xérès sec
5 ml/1 cuillère à café de farine de maïs (amidon de maïs)

Faites chauffer l'huile et faites revenir l'ail, l'oignon nouveau et le gingembre jusqu'à ce qu'ils soient légèrement dorés. Ajoutez le poulet et faites revenir 5 minutes. Ajoutez les champignons et faites revenir 3 minutes. Ajoutez la sauce soja, le vin ou le xérès et la semoule de maïs et faites sauter pendant environ 5 minutes jusqu'à ce que le poulet soit cuit.

Poulet aux champignons et noix

Offres 4

30 ml/2 cuillères à soupe d'huile d'arachide
2 gousses d'ail écrasées
1 tranche de racine de gingembre, moulue
450 g de poulet désossé, coupé en dés
225g/8oz de champignons
100 g de pousses de bambou coupées en lanières
1 poivron vert, coupé en dés

1 poivron rouge, coupé en dés
250 ml / 8 fl oz / 1 tasse de bouillon de poulet
30 ml/2 cuillères à soupe de vin de riz ou de xérès sec
15 ml/1 cuillère à soupe de sauce soja
15 ml/1 cuillère à soupe de sauce tabasco
30 ml/2 cuillères à soupe de farine de maïs (amidon de maïs)
30 ml/2 cuillères à soupe d'eau

Faites chauffer l'huile, l'ail et le gingembre jusqu'à ce que l'ail soit légèrement doré. Ajouter le poulet et faire revenir jusqu'à ce qu'il soit légèrement doré. Ajoutez les champignons, les pousses de bambou et les poivrons et faites sauter pendant 3 minutes. Ajouter le bouillon, le vin ou le xérès, la sauce soja et la sauce tabasco et porter à ébullition en remuant. Couvrir et laisser mijoter environ 10 minutes jusqu'à ce que le poulet soit complètement cuit. Mélanger la semoule de maïs et l'eau et incorporer à la sauce. Laissez bouillir en remuant jusqu'à ce que la sauce devienne claire et épaississe. Ajoutez un peu de bouillon ou d'eau si la sauce est trop épaisse.

Poulet frit aux champignons

Offres 4

6 champignons chinois séchés
1 poitrine de poulet, tranchée finement
1 tranche de racine de gingembre, moulue
2 oignons nouveaux (oignons), émincés
15 ml/1 cuillère à soupe de farine de maïs (amidon de maïs)
15 ml/1 cuillère à soupe de vin de riz ou de xérès sec

30 ml/2 cuillères à soupe d'eau

2,5 ml/½ cuillère à café de sel

45 ml/3 cuillères à soupe d'huile d'arachide

225 g/8 oz de champignons, tranchés

100 g de germes de soja

15 ml/1 cuillère à soupe de sauce soja

5 ml/1 cuillère à café de sucre

120 ml/4 fl oz/½ tasse de bouillon de poulet

Faites tremper les champignons dans l'eau tiède pendant 30 minutes et égouttez-les. Jetez les tiges et coupez les chapeaux. Mettez le poulet dans un bol. Mélangez le gingembre, les oignons nouveaux, la semoule de maïs, le vin ou le xérès, l'eau et le sel, incorporez le poulet et laissez reposer 1 heure. Faites chauffer la moitié de l'huile et faites frire le poulet jusqu'à ce qu'il soit légèrement doré, puis retirez-le de la poêle. Faites chauffer le reste de l'huile et faites revenir les champignons séchés et frais ainsi que les germes de soja pendant 3 minutes. Ajouter la sauce soja, le sucre et le bouillon, porter à ébullition, couvrir et laisser mijoter 4 minutes jusqu'à ce que les légumes soient juste tendres. Remettez le poulet dans la poêle, mélangez bien et réchauffez doucement avant de servir.

Poulet vapeur aux champignons

Offres 4

4 morceaux de poulet
30 ml/2 cuillères à soupe de farine de maïs (amidon de maïs)
30 ml/2 cuillères à soupe de sauce soja
3 oignons nouveaux (oignons), hachés
2 tranches de gingembre hachées
2,5 ml/½ cuillère à café de sel
100 g/4 oz de champignons, tranchés

Coupez les morceaux de poulet en morceaux de 5 cm/2 et mettez-les dans un bol allant au four. Mélangez la semoule de maïs et la sauce soja pour obtenir une pâte, ajoutez les oignons nouveaux, le gingembre et le sel et mélangez bien avec le poulet. Incorporer délicatement les champignons. Placez le bol dans le cuiseur vapeur sur la grille, couvrez et faites cuire à la vapeur sur de l'eau bouillante pendant environ 35 minutes jusqu'à ce que le poulet soit cuit.

Poulet aux oignons

Offres 4

60 ml/4 cuillères à soupe d'huile d'arachide
2 oignons, hachés

450 g de poulet, tranché

30 ml/2 cuillères à soupe de vin de riz ou de xérès sec

250 ml / 8 fl oz / 1 tasse de bouillon de poulet

45 ml/3 cuillères à soupe de sauce soja

30 ml/2 cuillères à soupe de farine de maïs (amidon de maïs)

45 ml/3 cuillères à soupe d'eau

Faites chauffer l'huile et faites revenir les oignons jusqu'à ce qu'ils soient légèrement dorés. Ajouter le poulet et faire revenir jusqu'à ce qu'il soit légèrement doré. Ajoutez le vin ou le xérès, le bouillon et la sauce soja, portez à ébullition, couvrez et laissez mijoter 25 minutes jusqu'à ce que le poulet soit bien cuit. Mélangez la semoule de maïs et l'eau pour obtenir une pâte, ajoutez-la à la poêle et faites cuire en remuant jusqu'à ce que la sauce soit claire et épaissie.

Poulet à l'orange et au citron

Offres 4

350 g de poulet coupé en lanières

30 ml/2 cuillères à soupe d'huile d'arachide

2 gousses d'ail écrasées

2 tranches de racine de gingembre, hachées

Le zeste râpé d'une ½ orange

Le zeste râpé d'un ½ citron

45 ml/3 cuillères à soupe de jus d'orange

45 ml/3 cuillères à soupe de jus de citron

15 ml/1 cuillère à soupe de sauce soja

3 oignons nouveaux (oignons), hachés

15 ml/1 cuillère à soupe de farine de maïs (amidon de maïs)

45 ml / 1 cuillère à soupe d'eau

Faites cuire le poulet dans l'eau bouillante pendant 30 secondes et égouttez-le. Faites chauffer l'huile et faites revenir l'ail et le gingembre pendant 30 secondes. Ajouter le zeste et le jus d'orange et de citron, la sauce soja et les oignons nouveaux et faire sauter pendant 2 minutes. Ajouter le poulet et laisser mijoter quelques minutes jusqu'à ce que le poulet soit cuit. Mélangez la semoule de maïs et l'eau pour obtenir une pâte, mélangez dans la poêle et faites cuire en remuant jusqu'à ce que la sauce épaississe.

Poulet à la sauce d'huîtres

Offres 4

30 ml/2 cuillères à soupe d'huile d'arachide

1 gousse d'ail écrasée

1 tranche de gingembre, hachée

450 g de poulet, tranché

250 ml / 8 fl oz / 1 tasse de bouillon de poulet

30 ml/2 cuillères à soupe de sauce aux huîtres

15 ml/1 cuillère à soupe de vin de riz ou de xérès

5 ml/1 cuillère à café de sucre

Chauffer l'huile avec l'ail et le gingembre et faire revenir légèrement jusqu'à ce qu'ils soient dorés. Ajouter le poulet et cuire environ 3 minutes jusqu'à ce qu'il soit légèrement doré. Ajouter le bouillon, la sauce aux huîtres, le vin ou le xérès et le sucre, porter à ébullition en remuant, couvrir et laisser mijoter environ 15 minutes en remuant de temps en temps jusqu'à ce que le poulet soit cuit. Retirez le couvercle et poursuivez la cuisson en remuant pendant environ 4 minutes jusqu'à ce que la sauce soit évaporée et épaissie.

Forfaits poulet

Offres 4

225 g de poulet
30 ml/2 cuillères à soupe de vin de riz ou de xérès sec
30 ml/2 cuillères à soupe de sauce soja
papier ciré ou papier sulfurisé
30 ml/2 cuillères à soupe d'huile d'arachide
huile pour friture

Coupez le poulet en cubes de 5 cm/2. Mélangez le vin ou le xérès et la sauce soja, versez sur le poulet et mélangez bien. Couvrir et laisser reposer 1 heure en remuant de temps en temps. Coupez le papier en carrés de 10 cm/4 et badigeonnez d'huile. Bien égoutter le poulet. Placez un morceau de papier sur la surface de travail avec un coin face à vous. Placez un morceau de poulet sur le carré juste en dessous du centre, pliez le coin inférieur vers le haut et repliez-le à nouveau pour recouvrir le poulet. Pliez les côtés vers l'intérieur, puis rabattez le coin supérieur vers le bas pour sécuriser l'emballage. Faites chauffer l'huile et faites frire les morceaux de poulet pendant environ 5 minutes jusqu'à ce qu'ils soient cuits. Servir chaud dans des sachets que les invités pourront ouvrir.

Poulet aux noix

Offres 4

225 g/8 oz de poulet, tranché finement
1 blanc d'oeuf légèrement battu
10 ml/2 cuillères à café de farine de maïs (amidon de maïs)
45 ml/3 cuillères à soupe d'huile d'arachide
1 gousse d'ail écrasée
1 tranche de racine de gingembre, moulue
2 poireaux, hachés
30 ml/2 cuillères à soupe de sauce soja
15 ml/1 cuillère à soupe de vin de riz ou de xérès sec
100 g de cacahuètes grillées

Mélanger le poulet avec le blanc d'œuf et la semoule de maïs jusqu'à ce qu'il soit bien enrobé. Faites chauffer la moitié de l'huile et faites frire le poulet jusqu'à ce qu'il soit doré, puis retirez-le de la poêle. Faites chauffer le reste de l'huile et faites revenir l'ail et le gingembre jusqu'à ce qu'ils soient tendres. Ajouter le poireau et faire revenir jusqu'à ce qu'il soit légèrement doré. Incorporer la sauce soja et le vin ou le xérès et cuire 3 minutes. Remettez le poulet dans la poêle avec les cacahuètes et laissez mijoter jusqu'à ce qu'il soit bien chaud.

Poulet au beurre de cacahuète

Offres 4

4 poitrines de poulet, coupées en dés
sel et poivre fraîchement moulu
5 ml/1 cuillère à café de poudre aux cinq épices
45 ml/3 cuillères à soupe d'huile d'arachide
1 oignon coupé en dés
2 carottes, coupées en dés
1 branche de céleri, coupée en dés
300 ml/½ pt/1 ¼ tasse de bouillon de poulet
10 ml/2 cuillères à café de purée de tomates (pâte)
100 g de beurre de cacahuète
15 ml/1 cuillère à soupe de sauce soja
10 ml/2 cuillères à café de farine de maïs (amidon de maïs)
une pincée de cassonade
15 ml/1 cuillère à soupe de ciboulette hachée

Assaisonnez le poulet avec du sel, du poivre et de la poudre aux cinq épices. Faites chauffer l'huile et faites frire le poulet jusqu'à ce qu'il soit cuit. Retirer de la poêle. Ajouter les légumes et faire revenir jusqu'à ce qu'ils soient cuits mais encore croustillants. Mélangez le bouillon avec le reste des ingrédients, sauf la ciboulette, mélangez dans une casserole et portez à ébullition.

Remettez le poulet dans la poêle et réchauffez-le en remuant. Servir saupoudré de sucre.

Poulet aux petits pois

Offres 4

60 ml/4 cuillères à soupe d'huile d'arachide
1 oignon, haché
450 g de poulet en dés
sel et poivre fraîchement moulu
100 g de petits pois
2 branches de céleri, hachées
100 g de champignons hachés
250 ml / 8 fl oz / 1 tasse de bouillon de poulet
15 ml/1 cuillère à soupe de farine de maïs (amidon de maïs)
15 ml/1 cuillère à soupe de sauce soja
60 ml/4 cuillères à soupe d'eau

Faites chauffer l'huile et faites revenir l'oignon jusqu'à ce qu'il soit légèrement doré. Ajouter le poulet et faire revenir jusqu'à ce qu'il soit coloré. Assaisonner de sel et de poivre, ajouter les petits pois, le céleri et les champignons et bien mélanger. Ajouter le bouillon, porter à ébullition, couvrir et laisser mijoter 15 minutes. Mélangez la semoule de maïs, la sauce soja et l'eau pour obtenir une pâte, mélangez dans la poêle et faites cuire en remuant jusqu'à ce que la sauce devienne claire et épaississe.

Poulet laqué

Offres 4

4 morceaux de poulet
sel et poivre fraîchement moulu
5 ml/1 cuillère à café de sucre
1 oignon nouveau (oignon), haché
1 tranche de racine de gingembre, moulue
15 ml/1 cuillère à soupe de sauce soja
15 ml/1 cuillère à soupe de vin de riz ou de xérès sec
15 ml/1 cuillère à soupe de farine de maïs (amidon de maïs)
huile pour friture

Placez les morceaux de poulet dans un bol peu profond et saupoudrez de sel et de poivre. Mélanger le sucre, la ciboule, le gingembre, la sauce soja et le vin ou le xérès, incorporer le poulet, couvrir et laisser mariner 3 heures. Égouttez le poulet et saupoudrez-le de semoule de maïs. Faites chauffer l'huile et faites frire le poulet jusqu'à ce qu'il soit doré et cuit. Bien égoutter avant de servir.

Poulet au paprika

Offres 4

60 ml/4 cuillères à soupe de sauce soja
45 ml/3 cuillères à soupe de vin de riz ou de xérès sec
45 ml/3 cuillères à soupe de farine de maïs (amidon de maïs)
450 g de poulet haché (haché)
60 ml/4 cuillères à soupe d'huile d'arachide
2,5 ml/½ cuillère à café de sel
2 gousses d'ail écrasées
2 poivrons rouges coupés en dés
1 poivron vert, coupé en dés
5 ml/1 cuillère à café de sucre
300 ml/½ pt/1¼ tasse de bouillon de poulet

Mélangez la moitié de la sauce soja, la moitié du vin ou du xérès et la moitié de la semoule de maïs. Versez sur le poulet, mélangez bien et laissez mariner au moins une heure. Faites chauffer la moitié de l'huile avec le sel et l'ail jusqu'à ce que l'ail soit légèrement brun. Ajoutez le poulet et la marinade et faites sauter pendant environ 4 minutes jusqu'à ce que le poulet devienne blanc, puis retirez-le de la poêle. Ajoutez le reste de l'huile dans la poêle et faites revenir le paprika pendant 2 minutes. Ajoutez le sucre dans la poêle avec le reste de la sauce soja, le vin ou le xérès et la semoule de maïs et mélangez bien. Ajouter le bouillon, porter à ébullition, puis cuire en remuant jusqu'à ce que la sauce épaississe. Remettez le poulet dans la poêle, couvrez et laissez mijoter pendant 4 minutes jusqu'à ce que le poulet soit bien cuit.

Poulet frit au paprika

Offres 4

1 poitrine de poulet, tranchée finement
2 tranches de racine de gingembre, hachées
2 oignons nouveaux (oignons), émincés
15 ml/1 cuillère à soupe de farine de maïs (amidon de maïs)
30 ml/2 cuillères à soupe de vin de riz ou de xérès sec
30 ml/2 cuillères à soupe d'eau
2,5 ml/½ cuillère à café de sel
45 ml/3 cuillères à soupe d'huile d'arachide
100 g/4 oz de châtaignes d'eau, tranchées
1 poivron rouge coupé en lanières
1 poivron vert coupé en lanières
1 poivron jaune coupé en lanières
30 ml/2 cuillères à soupe de sauce soja
120 ml/4 fl oz/½ tasse de bouillon de poulet

Mettez le poulet dans un bol. Mélangez le gingembre, les oignons nouveaux, la semoule de maïs, le vin ou le xérès, l'eau et le sel, incorporez le poulet et laissez reposer 1 heure. Faites chauffer la moitié de l'huile et faites frire le poulet jusqu'à ce qu'il soit légèrement doré, puis retirez-le de la poêle. Faites chauffer le reste de l'huile et faites revenir les châtaignes d'eau et le paprika pendant 2 minutes. Ajouter la sauce soja et le bouillon, porter à ébullition, couvrir et laisser mijoter 5 minutes jusqu'à ce que les légumes soient juste tendres. Remettez le poulet dans la poêle, mélangez bien et réchauffez doucement avant de servir.

Poulet et ananas

Offres 4

30 ml/2 cuillères à soupe d'huile d'arachide

5 ml/1 cuillère à café de sel

2 gousses d'ail écrasées

450 g de poulet désossé, tranché finement

2 oignons, tranchés

100 g/4 oz de châtaignes d'eau, tranchées

100 g de morceaux d'ananas

30 ml/2 cuillères à soupe de vin de riz ou de xérès sec

450 ml/¾ pt/2 tasses de bouillon de poulet

5 ml/1 cuillère à café de sucre

poivre fraîchement moulu

30 ml/2 cuillères à soupe de jus d'ananas

30 ml/2 cuillères à soupe de sauce soja

30 ml/2 cuillères à soupe de farine de maïs (amidon de maïs)

Faites chauffer l'huile, le sel et l'ail jusqu'à ce que l'ail devienne légèrement doré. Ajoutez le poulet et faites revenir 2 minutes.

Ajoutez les oignons, les châtaignes d'eau et l'ananas et faites revenir 2 minutes. Ajouter le vin ou le xérès, le bouillon et le sucre et assaisonner de poivre. Porter à ébullition, couvrir et laisser mijoter 5 minutes. Mélanger le jus d'ananas, la sauce soja et la farine de maïs. Mélanger dans la poêle et cuire lentement en remuant jusqu'à ce que la sauce épaississe et devienne claire.

Poulet à l'ananas et litchi

Offres 4

30 ml/2 cuillères à soupe d'huile d'arachide
225 g/8 oz de poulet, tranché finement
1 tranche de racine de gingembre, moulue
15 ml/1 cuillère à soupe de sauce soja
15 ml/1 cuillère à soupe de vin de riz ou de xérès sec
200 g d'ananas en conserve au sirop
200 g de litchis confits au sirop
15 ml/1 cuillère à soupe de farine de maïs (amidon de maïs)

Faites chauffer l'huile et faites frire le poulet jusqu'à ce qu'il soit de couleur claire. Ajouter la sauce soja et le vin ou le xérès et bien mélanger. Mesurer 250 ml/8 fl oz/1 tasse de sirop mélangé d'ananas et de litchi, en réservant 30 ml/2 c. Ajoutez le reste dans la poêle, portez à ébullition et laissez cuire quelques minutes jusqu'à ce que le poulet soit cuit. Ajoutez les morceaux d'ananas et les litchis. Mélanger la semoule de maïs avec le sirop réservé, mélanger dans la poêle et cuire en remuant jusqu'à ce que la sauce soit claire et épaissie.

Poulet au porc

Offres 4

1 poitrine de poulet, tranchée finement
100 g de porc maigre, tranché finement
60 ml/4 cuillères à soupe de sauce soja
15 ml/1 cuillère à soupe de farine de maïs (amidon de maïs)
1 blanc d'oeuf
45 ml/3 cuillères à soupe d'huile d'arachide
3 tranches de racine de gingembre hachées
50 g de pousses de bambou, tranchées
225 g/8 oz de champignons, tranchés
225 g/8 oz de feuilles chinoises, déchiquetées
120 ml/4 fl oz/½ tasse de bouillon de poulet
30 ml/2 cuillères à soupe d'eau

Mélangez le poulet et le porc ensemble. Mélangez la sauce soja, 5 ml/1 cuillère à café de semoule de maïs et le blanc d'œuf et mélangez-les au poulet et au porc. Laisser reposer 30 minutes. Faites chauffer la moitié de l'huile et faites frire le poulet et le porc jusqu'à ce qu'ils soient légèrement dorés, puis retirez-les de la poêle. Faites chauffer le reste de l'huile et faites revenir le gingembre, les pousses de bambou, les champignons et les feuilles de Chine jusqu'à ce qu'ils soient bien enrobés d'huile. Ajouter le bouillon et porter à ébullition. Remettez le mélange de poulet dans la poêle, couvrez et laissez mijoter environ 3 minutes jusqu'à ce que les viandes soient cuites. Mélangez le reste de la semoule de maïs en une pâte avec de l'eau, mélangez-la à la sauce et faites cuire en remuant jusqu'à ce que la sauce épaississe. Servir immédiatement.

Ragoût de poulet aux pommes de terre

Offres 4

4 morceaux de poulet
45 ml/3 cuillères à soupe d'huile d'arachide
1 oignon, tranché
1 gousse d'ail écrasée
2 tranches de racine de gingembre, hachées
450 ml/¾ pt/2 tasses d'eau
45 ml/3 cuillères à soupe de sauce soja
15 ml/1 cuillère à soupe de cassonade
2 pommes de terre, coupées en dés

Coupez le poulet en morceaux de 5 cm/2. Faites chauffer l'huile et faites revenir l'oignon, l'ail et le gingembre jusqu'à ce qu'ils soient légèrement dorés. Ajouter le poulet et faire revenir jusqu'à ce qu'il soit légèrement doré. Ajouter l'eau et la sauce soja et chauffer jusqu'à ébullition. Incorporer le sucre, couvrir et laisser mijoter environ 30 minutes. Ajouter les pommes de terre dans la poêle, couvrir et laisser mijoter encore 10 minutes jusqu'à ce que le poulet soit cuit et les pommes de terre cuites.

Poulet aux cinq épices avec pommes de terre

Offres 4

45 ml/3 cuillères à soupe d'huile d'arachide
450 g de poulet coupé en morceaux
sel
45 ml/3 cuillères à soupe de pâte de haricots jaunes
45 ml/3 cuillères à soupe de sauce soja
5 ml/1 cuillère à café de sucre
5 ml/1 cuillère à café de poudre aux cinq épices
1 pomme de terre en cubes
450 ml/¾ pt/2 tasses de bouillon de poulet

Faites chauffer l'huile et faites frire le poulet jusqu'à ce qu'il soit légèrement doré. Saupoudrez de sel et mélangez la pâte de haricots, la sauce soja, le sucre et la poudre de cinq épices et faites sauter pendant 1 minute. Ajouter la pomme de terre et bien mélanger, puis ajouter le bouillon, porter à ébullition, couvrir et laisser mijoter environ 30 minutes jusqu'à ce qu'elle soit tendre.

Poulet cuit rouge

Offres 4

450 g de poulet, tranché

120 ml/4 fl oz/½ tasse de sauce soja

15 ml/1 cuillère à soupe de sucre

2 tranches de racine de gingembre, hachées

90 ml/6 cuillères à soupe de bouillon de poulet

30 ml/2 cuillères à soupe de vin de riz ou de xérès sec

4 oignons nouveaux (oignons verts), tranchés

Mettez tous les ingrédients dans une casserole et faites chauffer jusqu'à ébullition. Couvrir et laisser mijoter environ 15 minutes jusqu'à ce que le poulet soit cuit. Retirez le couvercle et laissez mijoter environ 5 minutes en remuant de temps en temps jusqu'à ce que la sauce épaississe. Servir parsemé d'oignons nouveaux.

Rissoles de poulet

Offres 4

225 g/8 oz de poulet haché (haché)
3 châtaignes d'eau moulues
1 oignon nouveau (oignon), haché
1 tranche de racine de gingembre, moulue
2 blancs d'œufs
5 ml/2 cuillères à café de sel
5 ml/1 cuillère à café de poivre fraîchement moulu
120 ml/4 fl oz/½ tasse d'huile d'arachide
5 ml/1 cuillère à café de jambon haché

Mélangez le poulet, les châtaignes, la moitié de l'oignon nouveau, le gingembre, les blancs d'œufs, le sel et le poivre. Façonner en petites boules et presser à plat. Faites chauffer l'huile et faites frire les rissolini jusqu'à ce qu'ils soient dorés, en les retournant une fois. Servir parsemé du reste d'oignons nouveaux et de jambon.

Poulet salé

Offres 4

30 ml/2 cuillères à soupe d'huile d'arachide

4 morceaux de poulet

3 oignons nouveaux (oignons), hachés

2 gousses d'ail écrasées

1 tranche de racine de gingembre, hachée

120 ml/4 fl oz/½ tasse de sauce soja

30 ml/2 cuillères à soupe de vin de riz ou de xérès sec

30 ml/2 cuillères à soupe de cassonade

5 ml/1 cuillère à café de sel

375 ml/13 fl oz/1½ tasse d'eau

15 ml/1 cuillère à soupe de farine de maïs (amidon de maïs)

Faites chauffer l'huile et faites frire les morceaux de poulet jusqu'à ce qu'ils soient dorés. Ajouter les oignons nouveaux, l'ail et le gingembre et faire revenir pendant 2 minutes. Ajouter la sauce soja, le vin ou le xérès, le sucre et le sel et bien mélanger. Ajouter l'eau et porter à ébullition, couvrir et cuire 40 minutes. Mélangez un peu d'eau à la semoule de maïs, mélangez à la sauce et faites cuire en remuant jusqu'à ce que la sauce soit claire et épaissie.

Poulet à l'huile de sésame

Offres 4

90 ml/6 cuillères à soupe d'huile d'arachide
60 ml/4 cuillères à soupe d'huile de sésame
5 tranches de racine de gingembre
4 morceaux de poulet
600 ml/1 pt/2½ tasses de vin de riz ou de xérès sec
5 ml/1 cuillère à café de sucre
sel et poivre fraîchement moulu

Faites chauffer les huiles et faites revenir le gingembre et le poulet jusqu'à ce qu'ils soient légèrement dorés. Ajoutez du vin ou du xérès et assaisonnez avec du sucre, du sel et du poivre. Porter à ébullition et laisser mijoter lentement avec le couvercle jusqu'à ce que le poulet soit cuit et que la sauce se soit évaporée. Servir dans des bols.

Poulet au xérès

Offres 4

30 ml/2 cuillères à soupe d'huile d'arachide
4 morceaux de poulet
120 ml/4 fl oz/½ tasse de sauce soja
500 ml/17 fl oz/2¼ tasses de vin de riz ou de xérès sec
30 ml/2 cuillères à soupe de sucre
5 ml/1 cuillère à café de sel
2 gousses d'ail écrasées
1 tranche de racine de gingembre, hachée

Faites chauffer l'huile et faites frire le poulet de tous les côtés jusqu'à ce qu'il soit doré. Égoutter l'excès d'huile et ajouter tous les autres ingrédients. Portez à ébullition, couvrez et laissez mijoter à feu assez vif pendant 25 minutes. Réduisez le feu et laissez cuire encore 15 minutes, jusqu'à ce que le poulet soit bien cuit et que la sauce se soit évaporée.

Poulet à la sauce soja

Offres 4

350 g de poulet en dés
2 oignons nouveaux (oignons), hachés
3 tranches de racine de gingembre, moulues
15 ml/1 cuillère à soupe de farine de maïs (amidon de maïs)
30 ml/2 cuillères à soupe de vin de riz ou de xérès sec
30 ml/2 cuillères à soupe d'eau
45 ml/3 cuillères à soupe d'huile d'arachide
60 ml/4 cuillères à soupe de sauce soja épaisse
5 ml/1 cuillère à café de sucre

Mélangez le poulet, les oignons nouveaux, le gingembre, la semoule de maïs, le vin ou le xérès et l'eau et laissez reposer 30 minutes en remuant de temps en temps. Faites chauffer l'huile et faites frire le poulet pendant environ 3 minutes jusqu'à ce qu'il soit légèrement brun. Ajouter la sauce soja et le sucre et faire sauter pendant environ 1 minute, jusqu'à ce que le poulet soit cuit et tendre.

Poulet frit épicé

Offres 4

150 ml / ¼ pt / généreuse ½ tasse de sauce soja
2 gousses d'ail écrasées
50 g/2 oz/¼ tasse de cassonade
1 oignon, haché
30 ml/2 cuillères à soupe de purée de tomates (pâte)
1 tranche de citron hachée
1 tranche de racine de gingembre, moulue
45 ml/3 cuillères à soupe de vin de riz ou de xérès sec
4 gros morceaux de poulet

Mélangez tous les ingrédients sauf le poulet. Mettez le poulet dans un plat allant au four, versez le mélange dessus, couvrez et laissez mariner toute la nuit en arrosant de temps en temps. Rôtir le poulet dans un four préchauffé à 180°C/350°F/thermostat 4 pendant 40 minutes, en le retournant et en l'arrosant de temps en temps. Retirez le couvercle, augmentez la température du four à 200°C/400°F/thermostat 6 et poursuivez la cuisson encore 15 minutes jusqu'à ce que le poulet soit bien cuit.

Poulet aux épinards

Offres 4

100 g/4 oz de poulet, haché
15 ml/1 cuillère à soupe de graisse de jambon moulue
175 ml/6 fl oz/¾ tasse de bouillon de poulet
3 blancs d'œufs légèrement battus
sel
5 ml/1 cuillère à café d'eau
450 g d'épinards hachés
5 ml/1 cuillère à café de farine de maïs (amidon de maïs)
45 ml/3 cuillères à soupe d'huile d'arachide

Mélanger le poulet, la graisse de jambon, 150 ml/¼ pt/riche ½ tasse de bouillon de poulet, les blancs d'œufs, 5 ml/1 cuillère à café de sel et de l'eau. Mélangez les épinards avec le reste de bouillon, une pincée de sel et de semoule de maïs mélangée à un peu d'eau. Faites chauffer la moitié de l'huile, ajoutez le mélange d'épinards dans la poêle et remuez constamment à feu doux jusqu'à ce qu'il se réchauffe. Transférer dans une assiette de service chaude et réserver au chaud. Faites chauffer le reste de l'huile et faites frire des cuillerées du mélange de poulet jusqu'à ce qu'il soit figé et blanc. Disposer sur les épinards et servir immédiatement.

Rouleaux de printemps au poulet

Offres 4

15 ml/1 cuillère à soupe d'huile d'arachide
une pincée de sel
1 gousse d'ail écrasée
225 g de poulet, coupé en lanières
100 g/4 oz de champignons, tranchés
175 g de chou râpé
100 g/4 oz de pousses de bambou, déchiquetées
50 g de châtaignes d'eau hachées
100 g de germes de soja
5 ml/1 cuillère à café de sucre
5 ml/1 cuillère à café de vin de riz ou de xérès sec
5 ml/1 cuillère à café de sauce soja

8 peaux de rouleaux de printemps
huile pour friture

Faites chauffer l'huile, le sel et l'ail et faites revenir doucement jusqu'à ce que l'ail commence à devenir doré. Ajoutez le poulet et les champignons et faites sauter quelques minutes jusqu'à ce que le poulet blanchisse. Ajoutez le chou, les pousses de bambou, les châtaignes d'eau et les germes de soja et faites sauter pendant 3 minutes. Ajoutez le sucre, le vin ou le xérès et la sauce soja, mélangez bien, couvrez et faites sauter pendant 2 minutes. Dévissez la passoire et laissez-la égoutter.

Placez quelques cuillerées du mélange de garniture au centre de chaque coque de rouleau de printemps, pliez le fond vers le haut, repliez les côtés, puis roulez en recouvrant la garniture. Scellez le bord avec un petit mélange de farine et d'eau et laissez sécher 30 minutes. Faites chauffer l'huile et faites frire les rouleaux de printemps pendant environ 10 minutes jusqu'à ce qu'ils soient croustillants et dorés. Bien égoutter avant de servir.

Porc braisé épicé

Offres 4

450 g de porc en dés

sel et poivre

30 ml/2 cuillères à soupe de sauce soja

30 ml/2 cuillères à soupe de sauce hoisin

45 ml/3 cuillères à soupe d'huile d'arachide

120 ml/4 fl oz/½ tasse de vin de riz ou de xérès sec

300 ml/½ pt/1¼ tasse de bouillon de poulet

5 ml/1 cuillère à café de poudre aux cinq épices

6 oignons nouveaux (oignons verts), hachés

225 g de pleurotes, tranchés

15 ml/1 cuillère à soupe de farine de maïs (amidon de maïs)

Assaisonnez la viande avec du sel et du poivre. Mettre dans un bol et mélanger la sauce soja et la sauce hoisin. Couvrir et laisser mariner 1 heure. Faites chauffer l'huile et faites frire la viande jusqu'à ce qu'elle soit dorée. Ajouter le vin ou le xérès, le bouillon et la poudre de cinq épices, porter à ébullition, couvrir et laisser mijoter 1 heure. Ajoutez les oignons nouveaux et les champignons, retirez le couvercle et laissez mijoter encore 4 minutes. Mélangez la semoule de maïs avec un peu d'eau, portez à ébullition et laissez cuire en remuant pendant 3 minutes jusqu'à ce que la sauce épaississe.

Petits pains de porc cuits à la vapeur

Donne 12

30 ml/2 cuillères à soupe de sauce hoisin
15 ml/1 cuillère à soupe de sauce aux huîtres
15 ml/1 cuillère à soupe de sauce soja
2,5 ml/½ cuillère à café d'huile de sésame
30 ml/2 cuillères à soupe d'huile d'arachide
10 ml/2 cuillères à café de racine de gingembre râpée
1 gousse d'ail écrasée
300 ml/½ pt/1¼ tasse d'eau
15 ml/1 cuillère à soupe de farine de maïs (amidon de maïs)
225 g/8 oz de porc cuit, haché
4 oignons nouveaux (oignons), hachés
350 g/12 oz/3 tasses de farine nature (tout usage)
15 ml/1 cuillère à soupe de levure chimique
2,5 ml/½ cuillère à café de sel
50 g/2 oz/½ tasse de saindoux
5 ml/1 cuillère à café de vinaigre de vin
Carrés de papier sulfurisé de 12 x 13 cm

Mélangez les sauces hoisin, d'huîtres et de soja et l'huile de sésame. Faites chauffer l'huile et faites revenir le gingembre et l'ail jusqu'à ce qu'ils soient légèrement dorés. Ajouter la sauce et faire revenir 2 minutes. Mélangez 120 ml/4 fl oz/½ tasse d'eau avec la semoule de maïs et mélangez-la dans la casserole. Porter à ébullition en remuant et cuire jusqu'à ce que le mélange épaississe. Incorporer le porc et les oignons et laisser refroidir.

Mélangez la farine, la levure chimique et le sel. Pétrir le saindoux jusqu'à ce que le mélange ressemble à de la chapelure fine. Mélangez le vinaigre de vin et le reste de l'eau, puis mélangez-le à la farine pour former une pâte ferme. Pétrir sur une surface légèrement farinée, couvrir et laisser reposer 20 minutes.

Pétrissez à nouveau la pâte, divisez-la en 12 parts et façonnez chacune en boule. Étalez sur un plan fariné des cercles de 15 cm/6. Placez des cuillerées de garniture au centre de chaque cercle, badigeonnez les bords d'eau et pressez les bords ensemble pour sceller autour de la garniture. Graisser un côté de chaque carré de papier sulfurisé avec de l'huile. Placez chaque rouleau sur le carré, couture vers le bas. Placez les petits pains en une seule couche sur une grille fumante au-dessus de l'eau bouillante. Couvrir les petits pains et cuire à la vapeur pendant environ 20 minutes jusqu'à ce qu'ils soient cuits.

Porc au chou

Offres 4

6 champignons chinois séchés
30 ml/2 cuillères à soupe d'huile d'arachide
450 g de porc coupé en lanières
2 oignons, tranchés
2 poivrons rouges coupés en lanières
350 g de chou blanc, râpé
2 gousses d'ail, hachées
2 tiges de gingembre hachées
30 ml/2 cuillères à soupe de miel
45 ml/3 cuillères à soupe de sauce soja
120 ml/4 fl oz/½ tasse de vin blanc sec
sel et poivre
10 ml/2 cuillères à café de farine de maïs (amidon de maïs)
15 ml/1 cuillère à soupe d'eau

Faites tremper les champignons dans l'eau tiède pendant 30 minutes et égouttez-les. Jetez les tiges et coupez les chapeaux.

Faites chauffer l'huile et faites frire le porc jusqu'à ce qu'il soit légèrement doré. Ajoutez les légumes, l'ail et le gingembre et faites sauter pendant 1 minute. Ajouter le miel, la sauce soja et le vin, porter à ébullition, couvrir et laisser mijoter 40 minutes jusqu'à ce que la viande soit tendre. Assaisonnez avec du sel et du poivre. Mélangez la semoule de maïs et l'eau et mélangez dans la casserole. Portez à ébullition en remuant constamment, puis laissez cuire 1 minute.

Porc au chou et tomates

Offres 4

30 ml/2 cuillères à soupe d'huile d'arachide

450 g de porc maigre, coupé en lanières

sel et poivre fraîchement moulu

1 gousse d'ail écrasée

1 oignon, haché

½ chou, râpé

450 g de tomates pelées et coupées en quartiers

250 ml / 8 onces liquides / 1 tasse

30 ml/2 cuillères à soupe de farine de maïs (amidon de maïs)

15 ml/1 cuillère à soupe de sauce soja

60 ml/4 cuillères à soupe d'eau

Faites chauffer l'huile et faites revenir le porc, le sel, le poivre, l'ail et l'oignon jusqu'à ce qu'ils soient légèrement dorés. Ajouter le chou, les tomates et le bouillon, porter à ébullition, couvrir et laisser mijoter 10 minutes jusqu'à ce que le chou soit juste tendre. Mélangez la semoule de maïs, la sauce soja et l'eau pour obtenir une pâte, mélangez dans la poêle et faites cuire en remuant jusqu'à ce que la sauce devienne claire et épaississe.

Porc mariné au chou

Offres 4

350 g de porc

2 cignons nouveaux (oignons), hachés

1 tranche de racine de gingembre, moulue

1 bâton de cannelle

3 gousses d'anis étoilé

45 ml/3 cuillères à soupe de cassonade

600 ml/1 pt/2½ tasses d'eau

15 ml/1 cuillère à soupe d'huile d'arachide

15 ml/1 cuillère à soupe de sauce soja

5 ml/1 cuillère à café de purée de tomates (pâte)

5 ml/1 cuilière à café de sauce aux huîtres

100 g de cœurs de chou chinois

100 g de Pak Choi

Coupez le porc en morceaux de 10 cm/4 et placez-le dans un bol. Ajouter les oignons nouveaux, le gingembre, la cannelle, l'anis étoilé, le sucre et l'eau et laisser reposer 40 minutes. Faites chauffer l'huile, retirez le porc de la marinade et ajoutez-le à la poêle. Faites frire légèrement jusqu'à ce qu'ils soient dorés, puis ajoutez la sauce soja, la purée de tomates et la sauce aux huîtres.

Porter à ébullition et laisser cuire environ 30 minutes jusqu'à ce que le porc soit bien cuit et que le liquide ait réduit, en ajoutant un peu d'eau en cours de cuisson si nécessaire.

Pendant ce temps, faites cuire à la vapeur les cœurs de chou et le pak choi dans de l'eau bouillante pendant environ 10 minutes jusqu'à ce qu'ils soient cuits. Disposez-les sur une assiette de service chaude, saupoudrez de porc et nappez de sauce.

Porc au céleri

Offres 4

45 ml/3 cuillères à soupe d'huile d'arachide

1 gousse d'ail écrasée

1 oignon nouveau (oignon), haché

1 tranche de racine de gingembre, moulue

225 g/8 oz de porc maigre, coupé en lanières

100 g de céleri, tranché finement

45 ml/3 cuillères à soupe de sauce soja

15 ml/1 cuillère à soupe de vin de riz ou de xérès sec

5 ml/1 cuillère à café de farine de maïs (amidon de maïs)

Faites chauffer l'huile et faites revenir l'ail, l'oignon nouveau et le gingembre jusqu'à ce qu'ils soient légèrement dorés. Ajouter le porc et faire sauter pendant 10 minutes jusqu'à ce qu'il soit doré. Ajoutez le céleri et faites sauter pendant 3 minutes. Ajoutez le reste des ingrédients et faites revenir 3 minutes.

Porc aux châtaignes et champignons

Offres 4

4 champignons chinois séchés
100 g/4 oz/1 tasse de châtaignes
30 ml/2 cuillères à soupe d'huile d'arachide
2,5 ml/½ cuillère à café de sel
450 g de porc maigre, coupé en dés
15 ml/1 cuillère à soupe de sauce soja
375 ml/13 fl oz/1½ tasse de bouillon de poulet
100 g/4 oz de châtaignes d'eau, tranchées

Faites tremper les champignons dans l'eau tiède pendant 30 minutes et égouttez-les. Jetez les tiges et coupez les chapeaux en deux. Faire bouillir les châtaignes dans l'eau bouillante pendant une minute et les égoutter. Faites chauffer l'huile et le sel, puis faites frire le porc jusqu'à ce qu'il soit légèrement doré. Ajouter la sauce soja et faire sauter pendant 1 minute. Ajouter le bouillon et porter à ébullition. Ajoutez les châtaignes et les châtaignes d'eau, portez à ébullition, couvrez et laissez mijoter environ 1h30 jusqu'à ce que la viande soit tendre.

Côtelette de porc Suey

Offres 4

100 g de pousses de bambou coupées en lanières
100 g de châtaignes d'eau tranchées finement
60 ml/4 cuillères à soupe d'huile d'arachide
3 oignons nouveaux (oignons), hachés
2 gousses d'ail écrasées
1 tranche de racine de gingembre, hachée
225 g/8 oz de porc maigre, coupé en lanières
45 ml/3 cuillères à soupe de sauce soja
15 ml/1 cuillère à soupe de vin de riz ou de xérès sec
5 ml/1 cuillère à café de sel
5 ml/1 cuillère à café de sucre
poivre fraîchement moulu
15 ml/1 cuillère à soupe de farine de maïs (amidon de maïs)

Blanchir les pousses de bambou et les châtaignes dans l'eau bouillante pendant 2 minutes, égoutter et sécher. Faites chauffer 45 ml/3 cuillères à soupe d'huile et faites revenir les oignons nouveaux, l'ail et le gingembre jusqu'à ce qu'ils soient légèrement dorés. Ajoutez le porc et faites revenir 4 minutes. Retirer de la poêle.

Faites chauffer le reste de l'huile et faites revenir les légumes pendant 3 minutes. Ajoutez le porc, la sauce soja, le vin ou le xérès, le sel, le sucre et une pincée de poivre et faites sauter pendant 4 minutes. Mélangez un peu d'eau avec la semoule de maïs, mélangez dans la poêle et faites cuire en remuant jusqu'à ce que la sauce devienne claire et épaississe.

Chow Mein au porc

Offres 4

4 champignons chinois séchés
30 ml/2 cuillères à soupe d'huile d'arachide
2,5 ml/½ cuillère à café de sel
4 oignons nouveaux (oignons), hachés
225 g/8 oz de porc maigre, coupé en lanières
15 ml/1 cuillère à soupe de sauce soja
5 ml/1 cuillère à café de sucre
3 branches de céleri hachées
1 oignon, tranché

100 g de champignons coupés en deux
120 ml/4 fl oz/½ tasse de bouillon de poulet
nouilles sautées molles

Faites tremper les champignons dans l'eau tiède pendant 30 minutes et égouttez-les. Jetez les tiges et coupez les chapeaux. Faites chauffer l'huile et le sel et faites revenir l'oignon nouveau jusqu'à ce qu'il soit tendre. Ajouter le porc et faire revenir jusqu'à ce qu'il soit légèrement doré. Mélanger la sauce soja, le sucre, le céleri, l'oignon et les champignons frais et séchés et faire sauter pendant environ 4 minutes jusqu'à ce que les ingrédients soient bien mélangés. Ajouter le bouillon et cuire 3 minutes. Ajoutez la moitié des nouilles dans la poêle et remuez doucement, puis ajoutez le reste des nouilles et remuez jusqu'à ce qu'elles soient bien chaudes.

Chow Mein de porc rôti

Offres 4

100 g de germes de soja
45 ml/3 cuillères à soupe d'huile d'arachide
100 g de chou chinois, râpé
225 g/8 oz de rôti de porc, tranché
5 ml/1 cuillère à café de sel
15 ml/1 cuillère à soupe de vin de riz ou de xérès sec

Cuire les germes de soja dans l'eau bouillante pendant 4 minutes et égoutter. Faites chauffer l'huile et faites sauter les germes de soja et le chou jusqu'à ce qu'ils soient à peine ramollis. Ajouter le porc, le sel et le xérès et cuire jusqu'à ce qu'il soit bien chaud.

Ajoutez la moitié des nouilles égouttées dans la poêle et remuez doucement jusqu'à ce qu'elles soient bien chaudes. Ajouter les nouilles restantes et remuer jusqu'à ce qu'elles soient bien chaudes.

Porc au chutney

Offres 4

5 ml/1 cuillère à café de poudre aux cinq épices
5 ml/1 cuillère à café de curry en poudre
450 g de porc coupé en lanières
30 ml/2 cuillères à soupe d'huile d'arachide
6 oignons nouveaux (oignons verts), coupés en lanières
1 branche de céleri, coupée en lanières
100 g de germes de soja
1 pot de 200 g/7 oz de cornichons sucrés chinois coupés en dés

45 ml/3 cuillères à soupe de chutney de mangue
30 ml/2 cuillères à soupe de sauce soja
30 ml/2 cuillères à soupe de purée de tomates (pâte)
150 ml / ¼ pt / généreux ½ tasse de bouillon de poulet
10 ml/2 cuillères à café de farine de maïs (amidon de maïs)

Frottez bien les épices dans le porc. Faites chauffer l'huile et faites frire la viande pendant 8 minutes ou jusqu'à ce qu'elle soit cuite. Retirer de la poêle. Ajoutez les légumes dans la poêle et faites sauter pendant 5 minutes. Remettez le porc dans la poêle avec tous les autres ingrédients sauf la semoule de maïs. Remuer jusqu'à ce qu'il soit chaud. Mélangez la semoule de maïs avec un peu d'eau, mélangez dans la poêle et faites cuire en remuant jusqu'à ce que la sauce épaississe.

Porc au concombre

Offres 4

225 g/8 oz de porc maigre, coupé en lanières
30 ml/2 cuillères à soupe de farine nature (générale)
sel et poivre fraîchement moulu
60 ml/4 cuillères à soupe d'huile d'arachide
225 g de concombre, pelé et tranché
30 ml/2 cuillères à soupe de sauce soja

Mélangez le porc avec la farine et assaisonnez de sel et de poivre. Faites chauffer l'huile et faites frire le porc pendant environ 5 minutes jusqu'à ce qu'il soit cuit. Ajoutez le concombre et la sauce soja et faites sauter encore 4 minutes. Vérifiez et rectifiez l'assaisonnement et servez avec du riz frit.

Paquets de porc croustillant

Offres 4

4 champignons chinois séchés
30 ml/2 cuillères à soupe d'huile d'arachide
225 g/8 oz de filet de porc, haché (haché)
50 g/2 oz de crevettes décortiquées, hachées
15 ml/1 cuillère à soupe de sauce soja

15 ml/1 cuillère à soupe de farine de maïs (amidon de maïs)

30 ml/2 cuillères à soupe d'eau

8 rouleaux de printemps

100 g/4 oz/1 tasse de semoule de maïs (à partir de fécule de maïs)

huile pour friture

Faites tremper les champignons dans l'eau tiède pendant 30 minutes et égouttez-les. Jetez les tiges et hachez finement les chapeaux. Faites chauffer l'huile et faites revenir les champignons, le porc, les crevettes et la sauce soja pendant 2 minutes. Mélangez la semoule de maïs et l'eau pour obtenir une pâte et incorporez-la au mélange pour faire la garniture.

Coupez les feuilles de papier en lanières, mettez un peu de garniture au bout de chacune et roulez en triangle, fermez avec un peu de mélange farine et eau. Rouler généreusement avec la semoule de maïs. Faites chauffer l'huile et faites frire les triangles jusqu'à ce qu'ils soient croustillants et dorés. Bien égoutter avant de servir.

Rouleaux de porc aux œufs

Offres 4

225 g/8 oz de porc maigre, râpé

1 tranche de racine de gingembre, moulue
1 oignon nouveau, haché
15 ml/1 cuillère à soupe de sauce soja
15 ml/1 cuillère à soupe d'eau
12 peaux de nems
1 œuf battu
huile pour friture

Mélangez le porc, le gingembre, l'oignon, la sauce soja et l'eau. Mettez un peu de garniture au centre de chaque peau et badigeonnez les bords d'œuf battu. Pliez les côtés vers l'intérieur, éloignez le rouleau d'œufs de vous et fermez les bords avec l'œuf. Cuire à la vapeur sur la grille pendant 30 minutes jusqu'à ce que le porc soit cuit. Faites chauffer l'huile et faites frire pendant quelques minutes jusqu'à ce qu'elles soient croustillantes et dorées.

Rouleaux aux œufs de porc et de crevettes

Offres 4

30 ml/2 cuillères à soupe d'huile d'arachide
225 g/8 oz de porc maigre, râpé
6 oignons nouveaux (oignons verts), hachés
225 g de germes de soja
100 g/4 oz de crevettes décortiquées, hachées
15 ml/1 cuillère à soupe de sauce soja
2,5 ml/½ cuillère à café de sel
12 peaux de nems
1 œuf battu
huile pour friture

Faites chauffer l'huile et faites revenir le porc et les oignons nouveaux jusqu'à ce qu'ils soient légèrement dorés. Pendant ce temps, blanchissez les germes de soja dans l'eau bouillante pendant 2 minutes et égouttez-les. Ajoutez les germes de soja dans la poêle et faites sauter pendant 1 minute. Ajoutez les crevettes, la sauce soja et le sel et faites sauter pendant 2 minutes. Laissez-le refroidir.

Mettez un peu de garniture au centre de chaque peau et badigeonnez les bords d'œuf battu. Pliez les côtés, roulez les nems et scellez les bords avec l'œuf. Faites chauffer l'huile et faites frire les nems jusqu'à ce qu'ils soient croustillants et dorés.

Oeuf de porc mijoté

Offres 4

450 g de porc maigre
30 ml/2 cuillères à soupe d'huile d'arachide
1 oignon, haché
90 ml/6 cuillères à soupe de sauce soja
45 ml/3 cuillères à soupe de vin de riz ou de xérès sec
15 ml/1 cuillère à soupe de cassonade
3 œufs durs (à la coque)

Portez une casserole d'eau à ébullition, ajoutez le porc, remettez à ébullition et laissez cuire jusqu'à ce qu'elle se ferme. Retirer de la casserole, bien égoutter et couper en cubes. Faites chauffer l'huile et faites revenir l'oignon jusqu'à ce qu'il ramollisse. Ajouter le porc et faire revenir jusqu'à ce qu'il soit légèrement doré. Mélanger la sauce soja, le vin ou le xérès et le sucre, couvrir et laisser mijoter 30 minutes en remuant de temps en temps. Coupez légèrement l'extérieur des œufs et ajoutez-les dans la poêle, couvrez et laissez mijoter encore 30 minutes.

Porc chaud

Offres 4

450 g de longe de porc, coupée en lanières
30 ml/2 cuillères à soupe de sauce soja
30 ml/2 cuillères à soupe de sauce hoisin
5 ml/1 cuillère à café de poudre aux cinq épices
15 ml/1 cuillère à soupe de poivre
15 ml/1 cuillère à soupe de cassonade
15 ml/1 cuillère à soupe d'huile de sésame
30 ml/2 cuillères à soupe d'huile d'arachide
6 oignons nouveaux (oignons verts), hachés
1 poivron vert coupé en morceaux
200 g de germes de soja
2 tranches d'ananas, coupées en dés
45 ml/3 cuillères à soupe de ketchup aux tomates (catsup)
150 ml / ¼ pt / généreux ½ tasse de bouillon de poulet

Mettez la viande dans un bol. Mélangez la sauce soja, la sauce hoisin, la poudre de cinq épices, le poivre et le sucre, versez sur la viande et laissez mariner 1 heure. Faites chauffer les huiles et faites revenir la viande jusqu'à ce qu'elle soit dorée. Retirer de la poêle. Ajoutez les légumes et faites revenir 2 minutes. Ajouter l'ananas, le ketchup aux tomates et le bouillon et porter à ébullition. Remettez la viande dans la poêle et réchauffez-la avant de servir.

Filet de porc frit

Offres 4

350 g/12 oz de filet de porc, coupé en dés
15 ml/1 cuillère à soupe de vin de riz ou de xérès sec
15 ml/1 cuillère à soupe de sauce soja
5 ml/1 cuillère à café d'huile de sésame
30 ml/2 cuillères à soupe de farine de maïs (amidon de maïs)
huile pour friture

Mélangez le porc, le vin ou le xérès, la sauce soja, l'huile de sésame et la semoule de maïs afin que le porc soit recouvert d'une pâte épaisse. Faites chauffer l'huile et faites frire le porc pendant environ 3 minutes jusqu'à ce qu'il soit croustillant. Retirez le porc de la poêle, faites chauffer à nouveau l'huile et faites-le frire à nouveau pendant environ 3 minutes.

Porc aux cinq épices

Offres 4

225 g de porc maigre

5 ml/1 cuillère à café de farine de maïs (amidon de maïs)

2,5 ml/½ cuillère à café de poudre aux cinq épices

2,5 ml/½ cuillère à café de sel

15 ml/1 cuillère à soupe de vin de riz ou de xérès sec

20 ml/2 cuillères à soupe d'huile d'arachide

120 ml/4 fl oz/½ tasse de bouillon de poulet

Tranchez finement le porc contre le grain. Mélangez le porc avec la semoule de maïs, la poudre aux cinq épices, le sel et le vin ou le xérès et mélangez bien pour enrober le porc. Laisser reposer 30 minutes en remuant de temps en temps. Faites chauffer l'huile, ajoutez le porc et faites revenir environ 3 minutes. Ajouter le bouillon, porter à ébullition, couvrir et cuire 3 minutes. Sers immédiatement.

Ragoût de porc parfumé

Pour 6 à 8 personnes

1 morceau de zeste de mandarine
45 ml/3 cuillères à soupe d'huile d'arachide
900 g de porc maigre, coupé en cubes
250 ml/8 fl oz/1 tasse de vin de riz ou de xérès sec
120 ml/4 fl oz/½ tasse de sauce soja
2,5 ml/½ cuillère à café de poudre d'anis
½ bâton de cannelle
4 clous de girofle
5 ml/1 cuillère à café de sel
250 ml / 8 fl oz / 1 tasse d'eau
2 oignons nouveaux (oignons verts), tranchés
1 tranche de racine de gingembre, hachée

Faire tremper le zeste de mandarine dans l'eau pendant la cuisson. Faites chauffer l'huile et faites frire le porc jusqu'à ce qu'il soit légèrement doré. Ajoutez le vin ou le xérès, la sauce soja, la poudre d'anis, la cannelle, les clous de girofle, le sel et l'eau. Porter à ébullition, ajouter le zeste de mandarine, l'oignon nouveau et le gingembre. Couvrir et laisser mijoter environ 1h30 jusqu'à tendreté, en remuant de temps en temps et en ajoutant un peu d'eau bouillante si nécessaire. Retirez les épices avant de servir.

Porc à l'ail émincé

Offres 4

450 g de poitrine de porc, pelée
3 tranches de racine de gingembre
2 oignons nouveaux (oignons), hachés
30 ml/2 cuillères à soupe d'ail émincé
30 ml/2 cuillères à soupe de sauce soja
5 ml/1 cuillère à café de sel
15 ml/1 cuillère à soupe de bouillon de poulet
2,5 ml/½ cuillère à café d'huile de piment
4 brins de coriandre

Mettez le porc dans la poêle avec le gingembre et les oignons nouveaux, couvrez d'eau, portez à ébullition et laissez cuire 30 minutes jusqu'à ce qu'il soit tendre. Retirer et bien égoutter, puis couper en fines tranches d'environ 5 cm/2 carrés. Placez les tranches sur une passoire métallique. Portez l'eau à ébullition, ajoutez les tranches de porc et laissez cuire 3 minutes jusqu'à ce qu'elles soient bien chaudes. Disposer sur une assiette de service chaude. Mélangez l'ail, la sauce soja, le sel, le bouillon et l'huile de piment et versez sur le porc. Servir garni de coriandre.

Rôti de porc au gingembre

Offres 4

225 g de porc maigre
5 ml/1 cuillère à café de farine de maïs (amidon de maïs)
30 ml/2 cuillères à soupe de sauce soja
30 ml/2 cuillères à soupe d'huile d'arachide
1 tranche de racine de gingembre, moulue
1 oignon nouveau (oignon), tranché
45 ml/3 cuillères à soupe d'eau
5 ml/1 cuillère à café de cassonade

Tranchez finement le porc contre le grain. Saupoudrer de semoule de maïs, puis saupoudrer de sauce soja et mélanger à nouveau. Faites chauffer l'huile et faites frire le porc pendant 2 minutes jusqu'à ce qu'il soit épais. Ajoutez le gingembre et l'oignon nouveau et faites revenir 1 minute. Ajouter l'eau et le sucre, couvrir et laisser mijoter environ 5 minutes jusqu'à ce qu'ils soient cuits.

Porc aux haricots verts

Offres 4

450 g de haricots verts, coupés en morceaux
30 ml/2 cuillères à soupe d'huile d'arachide
2,5 ml/½ cuillère à café de sel
1 tranche de racine de gingembre, moulue
225 g/8 oz de porc maigre, haché (haché)
120 ml/4 fl oz/½ tasse de bouillon de poulet
75 ml/5 cuillères à soupe d'eau
2 oeufs
15 ml/1 cuillère à soupe de farine de maïs (amidon de maïs)

Faites bouillir les haricots pendant environ 2 minutes et égouttez-les. Faites chauffer l'huile et faites revenir le sel et le gingembre pendant quelques secondes. Ajouter le porc et faire revenir jusqu'à ce qu'il soit légèrement doré. Ajouter les haricots et faire sauter pendant 30 secondes, recouverts d'huile. Incorporer le bouillon, porter à ébullition, couvrir et cuire 2 minutes. Battez les œufs avec 30 ml/2 cuillères à soupe d'eau et mélangez-les dans la poêle. Mélangez le reste de l'eau avec la semoule de maïs. Lorsque les œufs commencent à durcir, incorporez la semoule de maïs et faites cuire jusqu'à ce que le mélange épaississe. Sers immédiatement.

Jambon de porc et tofu

Offres 4

4 champignons chinois séchés
5 ml/1 cuillère à café d'huile d'arachide
100 g de jambon fumé, tranché
225 g/8 oz de tofu, tranché
225 g/8 oz de porc maigre, tranché
15 ml/1 cuillère à soupe de vin de riz ou de xérès sec
sel et poivre fraîchement moulu
1 tranche de racine de gingembre, hachée
1 oignon nouveau (oignon), haché
10 ml/2 cuillères à café de farine de maïs (amidon de maïs)
30 ml/2 cuillères à soupe d'eau

Faites tremper les champignons dans l'eau tiède pendant 30 minutes et égouttez-les. Jetez les tiges et coupez les chapeaux en deux. Frottez un bol résistant à la chaleur avec de l'huile d'arachide. Disposez les champignons, le jambon, le tofu et le porc dans la poêle, avec le porc dessus. Saupoudrer de vin ou de xérès, de sel et de poivre, de gingembre et d'oignons nouveaux. Couvrir et cuire à la vapeur sur une grille au-dessus de l'eau bouillante pendant environ 45 minutes jusqu'à tendreté. Égoutter la sauce du bol sans mélanger les ingrédients. Ajoutez suffisamment d'eau pour obtenir 250 ml/8 fl oz/1 tasse. Mélanger la semoule de maïs et l'eau et incorporer à la sauce. Verser dans un bol et cuire en remuant jusqu'à ce que la sauce soit claire et épaissie. Transférez le mélange de porc dans une assiette de service chaude, versez la sauce dessus et servez.

Brochette de porc frite

Offres 4

450 g de filet de porc, tranché finement
100 g de jambon cuit tranché finement
6 châtaignes d'eau tranchées finement
30 ml/2 cuillères à soupe de sauce soja
30 ml/2 cuillères à soupe de vinaigre de vin
15 ml/1 cuillère à soupe de cassonade
15 ml/1 cuillère à soupe de sauce aux huîtres
quelques gouttes d'huile de piment
45 ml/3 cuillères à soupe de farine de maïs (amidon de maïs)
30 ml/2 cuillères à soupe de vin de riz ou de xérès sec
2 oeufs, battus
huile pour friture

Enfiler alternativement le porc, le jambon et les châtaignes d'eau sur des petites brochettes. Mélanger la sauce soja, le vinaigre de vin, le sucre, la sauce aux huîtres et l'huile de piment. Versez sur les brochettes, couvrez et laissez mariner au réfrigérateur pendant 3 heures. Mélangez la semoule de maïs, le vin ou le xérès et les œufs pour obtenir une pâte lisse et épaisse. Roulez les brochettes dans la pâte pour les recouvrir. Faites chauffer l'huile et faites frire les brochettes jusqu'à ce qu'elles soient légèrement dorées.

Ragoût de porc à la sauce rouge

Offres 4

1 gros jarret de porc
1 L/1½ pts/4¼ tasses d'eau bouillante
5 ml/1 cuillère à café de sel
120 ml/4 fl oz/½ tasse de vinaigre de vin
120 ml/4 fl oz/½ tasse de sauce soja
45 ml/3 cuillères à soupe de miel
5 ml/1 cuillère à café de baies de genièvre
5 ml/1 cuillère à café d'anis
5 ml/1 cuillère à café de coriandre
60 ml/4 cuillères à soupe d'huile d'arachide
6 oignons nouveaux (oignons verts), tranchés

2 carottes, tranchées finement
1 branche de céleri, tranché
45 ml/3 cuillères à soupe de sauce hoisin
30 ml/2 cuillères à soupe de chutney de mangue
75 ml/5 cuillères à soupe de purée de tomates (pâte)
1 gousse d'ail écrasée
60 ml/4 cuillères à soupe de ciboulette hachée

Portez le jarret à ébullition avec de l'eau, du sel, du vinaigre de vin, 45 ml/3 cuillères à soupe de sauce soja, du miel et des épices. Ajouter les légumes, porter à ébullition, couvrir et laisser mijoter environ 1h30 jusqu'à ce que la viande soit tendre. Retirez la viande et les légumes de la poêle, coupez la viande des os et coupez-la en dés. Faites chauffer l'huile et faites frire la viande jusqu'à ce qu'elle soit dorée. Ajoutez les légumes et faites revenir 5 minutes. Ajouter le reste de la sauce soja, la sauce hoisin, le chutney, la purée de tomates et l'ail. Portez à ébullition en remuant, puis laissez cuire 3 minutes. Servir parsemé de ciboulette.

Porc mariné

Offres 4

450 g de porc maigre
1 tranche de racine de gingembre, moulue
1 gousse d'ail écrasée
90 ml/6 cuillères à soupe de sauce soja
15 ml/1 cuillère à soupe de vin de riz ou de xérès sec
45 ml/3 cuillères à soupe d'huile d'arachide
1 oignon nouveau (oignon), tranché
15 ml/1 cuillère à soupe de cassonade
poivre fraîchement moulu

Mélangez le porc avec le gingembre, l'ail, 30 ml/2 cuillères à soupe de sauce soja et le vin ou le xérès. Laisser reposer 30 minutes en remuant de temps en temps, puis retirer la viande de la marinade. Faites chauffer l'huile et faites frire le porc jusqu'à ce qu'il soit légèrement doré. Ajoutez l'oignon nouveau, le sucre, le reste de la sauce soja et une pincée de poivre, couvrez et laissez mijoter environ 45 minutes jusqu'à ce que le porc soit tendre. Coupez le porc en cubes et servez.

Côtelettes de porc marinées

Offres 6

6 côtelettes de porc
1 tranche de racine de gingembre, moulue
1 gousse d'ail écrasée
90 ml/6 cuillères à soupe de sauce soja
30 ml/2 cuillères à soupe de vin de riz ou de xérès sec
45 ml/3 cuillères à soupe d'huile d'arachide
2 oignons nouveaux (oignons), hachés
15 ml/1 cuillère à soupe de cassonade

poivre fraîchement moulu

Coupez l'os de la côtelette de porc et coupez la viande en cubes. Mélangez le gingembre, l'ail, 30 ml/2 cuillères à soupe de sauce soja et le vin ou le xérès, versez sur le porc et laissez mariner 30 minutes en remuant de temps en temps. Retirez la viande de la marinade. Faites chauffer l'huile et faites frire le porc jusqu'à ce qu'il soit légèrement doré. Ajouter les oignons nouveaux et faire revenir 1 minute. Mélangez le reste de sauce soja avec le sucre et une pincée de poivre. Incorporer la sauce, porter à ébullition, couvrir et laisser mijoter environ 30 minutes jusqu'à ce que le porc soit cuit.

Porc aux champignons

Offres 4

25 g de champignons chinois séchés
30 ml/2 cuillères à soupe d'huile d'arachide
1 gousse d'ail, hachée
225 g de porc maigre coupé en lanières
4 oignons nouveaux (oignons), hachés
15 ml/1 cuillère à soupe de sauce soja
15 ml/1 cuillère à soupe de vin de riz ou de xérès sec
5 ml/1 cuillère à café d'huile de sésame

Faites tremper les champignons dans l'eau tiède pendant 30 minutes et égouttez-les. Jetez les tiges et coupez les chapeaux. Faites chauffer l'huile et faites revenir l'ail jusqu'à ce qu'il soit légèrement doré. Ajouter le porc et faire revenir jusqu'à ce qu'il soit doré. Incorporer les oignons nouveaux, les champignons, la sauce soja et le vin ou le xérès et faire revenir pendant 3 minutes. Incorporer l'huile de sésame et servir immédiatement.

Gâteau à la viande cuit à la vapeur

Offres 4

450 g de porc haché (haché)
4 châtaignes d'eau hachées
225 g/8 oz de champignons, hachés
5 ml/1 cuillère à café de sauce soja
sel et poivre fraîchement moulu
1 œuf légèrement battu

Mélangez bien tous les ingrédients et façonnez le mélange en une tarte plate sur une plaque à pâtisserie allant au four. Placez l'assiette sur la grille du cuiseur vapeur, couvrez et faites cuire à la vapeur pendant 1h30.

Porc cuit rouge aux champignons

Offres 4

450 g de porc maigre, coupé en dés
250 ml / 8 fl oz / 1 tasse d'eau
15 ml/1 cuillère à soupe de sauce soja
15 ml/1 cuillère à soupe de vin de riz ou de xérès sec
5 ml/1 cuillère à café de sucre
5 ml/1 cuillère à café de sel
225g/8oz de champignons

Mettez le porc et l'eau dans une casserole et faites bouillir l'eau. Couvrir et laisser bouillir 30 minutes, égoutter et réserver le bouillon. Remettez le porc dans la poêle et ajoutez la sauce soja. Laisser mijoter à feu doux en remuant jusqu'à ce que la sauce soja soit absorbée. Incorporer le vin ou le xérès, le sucre et le sel. Versez le bouillon réservé, portez à ébullition, couvrez et laissez mijoter environ 30 minutes en retournant la viande de temps en temps. Ajoutez les champignons et laissez mijoter encore 20 minutes.

Porc aux crêpes de nouilles

Offres 4

30 ml/2 cuillères à soupe d'huile d'arachide
5 ml/2 cuillères à café de sel
225 g/8 oz de porc maigre, coupé en lanières
225 g de chou chinois, râpé
100 g/4 oz de pousses de bambou, déchiquetées
100 g de champignons, tranchés finement
150 ml / ¼ pt / généreux ½ tasse de bouillon de poulet

10 ml/2 cuillères à café de farine de maïs (amidon de maïs)
15 ml/1 cuillère à soupe de vin de riz ou de xérès sec
15 ml/1 cuillère à soupe d'eau
crêpe aux nouilles

Faites chauffer l'huile et faites frire le sel et le porc jusqu'à ce qu'ils soient légèrement colorés. Ajoutez le chou, les pousses de bambou et les champignons et faites sauter pendant 1 minute. Ajouter le bouillon, porter à ébullition, couvrir et laisser mijoter 4 minutes jusqu'à ce que le porc soit bien cuit. Mélangez la semoule de maïs en une pâte avec le vin ou le xérès et l'eau, ajoutez-la à la poêle et faites cuire en remuant jusqu'à ce que la sauce soit claire et épaissie. Verser sur la crêpe aux nouilles pour servir.

Porc et crevettes avec crêpe aux nouilles

Offres 4

30 ml/2 cuillères à soupe d'huile d'arachide
5 ml/1 cuillère à café de sel
4 oignons nouveaux (oignons), hachés
1 gousse d'ail écrasée
225 g/8 oz de porc maigre, coupé en lanières
100 g/4 oz de champignons, tranchés
4 branches de céleri, tranchées

225 g/8 oz de crevettes décortiquées
30 ml/2 cuillères à soupe de sauce soja
10 ml/1 cuillère à café de farine de maïs (amidon de maïs)
45 ml/3 cuillères à soupe d'eau
crêpe aux nouilles

Faites chauffer l'huile et le sel et faites revenir l'oignon nouveau et l'ail jusqu'à ce qu'ils soient tendres. Ajouter le porc et faire revenir jusqu'à ce qu'il soit légèrement doré. Ajouter les champignons et le céleri et faire revenir 2 minutes. Ajouter les crevettes, saupoudrer de sauce soja et remuer jusqu'à ce qu'elles soient bien chaudes. Mélangez la semoule de maïs et l'eau pour obtenir une pâte, mélangez dans la poêle et faites cuire en remuant jusqu'à ce qu'elle soit chaude. Verser sur la crêpe aux nouilles pour servir.

Porc à la sauce d'huîtres

Pour 4 à 6 personnes

450 g de porc maigre
15 ml/1 cuillère à soupe de farine de maïs (amidon de maïs)
10 ml/2 cuillères à café de vin de riz ou de xérès sec
une pincée de sucre
45 ml/3 cuillères à soupe d'huile d'arachide
10 ml/2 cuillères à café d'eau

30 ml/2 cuillères à soupe de sauce aux huîtres
poivre fraîchement moulu
1 tranche de racine de gingembre, moulue
60 ml/4 cuillères à soupe de bouillon de poulet

Tranchez finement le porc contre le grain. Mélangez 5 ml/1 cuillère à café de semoule de maïs avec du vin ou du xérès, du sucre et 5 ml/1 cuillère à café d'huile, ajoutez au porc et mélangez bien pour enrober. Mélangez le reste de la semoule de maïs avec de l'eau, de la sauce d'huîtres et une pincée de poivre. Faites chauffer le reste de l'huile et faites revenir le gingembre pendant 1 minute. Ajouter le porc et faire revenir jusqu'à ce qu'il soit légèrement doré. Ajouter le bouillon et la sauce eau-huître, porter à ébullition, couvrir et laisser mijoter 3 minutes.

Porc aux noix

Offres 4

450 g de porc maigre, coupé en dés
15 ml/1 cuillère à soupe de farine de maïs (amidon de maïs)
5 ml/1 cuillère à café de sel
1 blanc d'oeuf
3 oignons nouveaux (oignons), hachés
1 gousse d'ail, hachée
1 tranche de racine de gingembre, hachée

45 ml/3 cuillères à soupe de bouillon de poulet
15 ml/1 cuillère à soupe de vin de riz ou de xérès sec
15 ml/1 cuillère à soupe de sauce soja
10 ml/2 cuillères à café de sirop noir
45 ml/3 cuillères à soupe d'huile d'arachide
½ concombre, coupé en dés
25 g/1 oz/¼ tasse d'arachides décortiquées
5 ml/1 cuillère à café d'huile de piment

Mélangez le porc avec la moitié de la semoule de maïs, le sel et le blanc d'œuf et mélangez bien pour enrober le porc. Mélangez le reste de la semoule de maïs avec les oignons nouveaux, l'ail, le gingembre, le bouillon, le vin ou le xérès, la sauce soja et le sirop. Faites chauffer l'huile et faites revenir le porc jusqu'à ce qu'il soit légèrement doré, puis retirez-le de la poêle. Ajoutez le concombre dans la poêle et faites-le revenir quelques minutes. Remettez le porc dans la poêle et remuez doucement. Mélanger le mélange d'épices, porter à ébullition et cuire en remuant jusqu'à ce que la sauce devienne claire et épaississe. Incorporer les noix et l'huile de piment et faire chauffer avant de servir.

Porc au paprika

Offres 4

45 ml/3 cuillères à soupe d'huile d'arachide
225 g/8 oz de porc maigre, coupé en dés
1 oignon coupé en dés
2 poivrons verts coupés en dés
½ tête de feuilles chinoises, coupées en dés
1 tranche de racine de gingembre, moulue

15 ml/1 cuillère à soupe de sauce soja

15 ml/1 cuillère à soupe de sucre

2,5 ml/½ cuillère à café de sel

Faites chauffer l'huile et faites frire le porc pendant environ 4 minutes jusqu'à ce qu'il soit doré. Ajouter l'oignon et faire revenir environ 1 minute. Ajoutez les poivrons et faites sauter pendant 1 minute. Ajoutez les feuilles de chinois et faites sauter pendant 1 minute. Mélangez le reste des ingrédients, mélangez-les dans la poêle et faites sauter encore 2 minutes.

Cornichon de porc épicé

Offres 4

900 g de côtelettes de porc

30 ml/2 cuillères à soupe de farine de maïs (amidon de maïs)

45 ml/3 cuillères à soupe de sauce soja

30 ml/2 cuillères à soupe de xérès doux

5 ml/1 cuillère à café de racine de gingembre râpée

2,5 ml/½ cuillère à café de poudre aux cinq épices

une pincée de poivre fraîchement moulu
huile pour friture
60 ml/4 cuillères à soupe de bouillon de poulet
Légumes marinés chinois

Coupez les côtelettes, retirez tout le gras et les os. Mélangez la semoule de maïs, 30 ml/2 cuillères à soupe de sauce soja, le xérès, le gingembre, la poudre de cinq épices et le poivre. Verser sur le porc et remuer pour bien l'enrober. Couvrir et laisser mariner 2 heures en retournant de temps en temps. Faites chauffer l'huile et faites frire le porc jusqu'à ce qu'il soit doré et cuit. Égoutter sur du papier absorbant. Coupez le porc en tranches épaisses, transférez-le dans un plat de service chaud et réservez au chaud. Mélangez le bouillon et le reste de la sauce soja dans une petite casserole. Porter à ébullition et verser sur le porc. Servir garni du mélange de cornichons.

Porc à la sauce aux prunes

Offres 4

450 g/1 lb de ragoût de porc en cubes
2 gousses d'ail écrasées
sel
60 ml/4 cuillères à soupe de ketchup aux tomates (catsup)
30 ml/2 cuillères à soupe de sauce soja

45 ml/3 cuillères à soupe de sauce aux prunes

5 ml/1 cuillère à café de curry en poudre

5 ml/1 cuillère à café de paprika

2,5 ml/½ cuillère à café de poivre fraîchement moulu

45 ml/3 cuillères à soupe d'huile d'arachide

6 oignons nouveaux (oignons verts), coupés en lanières

4 carottes coupées en lanières

Faire mariner la viande avec l'ail, le sel, le ketchup aux tomates, la sauce soja, la sauce aux prunes, la poudre de curry, le paprika et le poivre pendant 30 minutes. Faites chauffer l'huile et faites frire la viande jusqu'à ce qu'elle soit légèrement dorée. Retirer du wok. Ajouter les légumes à l'huile et faire revenir jusqu'à ce qu'ils soient cuits. Remettez la viande dans la poêle et réchauffez-la doucement avant de servir.

Porc aux crevettes

Pour 6 à 8 personnes

900 g de porc maigre

30 ml/2 cuillères à soupe d'huile d'arachide

1 oignon, tranché

1 oignon nouveau (oignon), haché

2 gousses d'ail écrasées

30 ml/2 cuillères à soupe de sauce soja

50 g/2 oz de crevettes décortiquées, hachées
(JE)
600 ml/1 pt/2½ tasses d'eau bouillante
15 ml/1 cuillère à soupe de sucre

Portez une casserole d'eau à ébullition, ajoutez le porc, couvrez et laissez mijoter 10 minutes. Retirer de la poêle, bien égoutter et couper en cubes. Faites chauffer l'huile et faites revenir l'oignon, la ciboule et l'ail jusqu'à ce qu'ils soient légèrement dorés. Ajouter le porc et faire revenir jusqu'à ce qu'il soit légèrement doré. Ajouter la sauce soja et les crevettes et faire sauter pendant 1 minute. Ajouter l'eau bouillante et le sucre, couvrir et laisser mijoter environ 40 minutes jusqu'à ce que le porc soit cuit.

Porc cuit rouge

Offres 4

675 g de porc maigre en cubes
250 ml / 8 fl oz / 1 tasse d'eau
1 tranche de racine de gingembre, écrasée
60 ml/4 cuillères à soupe de sauce soja
15 ml/1 cuillère à soupe de vin de riz ou de xérès sec

5 ml/1 cuillère à café de sel

10 ml/2 cuillères à café de cassonade

Mettez le porc et l'eau dans une casserole et faites bouillir l'eau. Ajouter le gingembre, la sauce soja, le xérès et le sel, couvrir et laisser mijoter 45 minutes. Ajoutez le sucre, retournez la viande, couvrez et laissez mijoter encore 45 minutes jusqu'à ce que le porc soit cuit.

Porc à la sauce rouge

Offres 4

30 ml/2 cuillères à soupe d'huile d'arachide

225 g de rognons de porc, coupés en lanières

450 g de porc coupé en lanières

1 oignon, tranché

4 oignons nouveaux (oignons verts), coupés en lanières

2 carottes, coupées en lanières

1 branche de céleri, coupée en lanières
1 poivron rouge coupé en lanières
45 ml/3 cuillères à soupe de sauce soja
45 ml/3 cuillères à soupe de vin blanc sec
300 ml/½ pt/1 ¼ tasse de bouillon de poulet
30 ml/2 cuillères à soupe de sauce aux prunes
30 ml/2 cuillères à soupe de vinaigre de vin
5 ml/1 cuillère à café de poudre aux cinq épices
5 ml/1 cuillère à café de cassonade
15 ml/1 cuillère à soupe de farine de maïs (amidon de maïs)
15 ml/1 cuillère à soupe d'eau

Faites chauffer l'huile, faites revenir les rognons pendant 2 minutes et retirez-les de la poêle. Faites chauffer à nouveau l'huile et faites frire le porc jusqu'à ce qu'il soit légèrement doré. Ajoutez les légumes et faites revenir 3 minutes. Ajouter la sauce soja, le vin, le bouillon, la sauce aux prunes, le vinaigre de vin, la poudre de cinq épices et le sucre, porter à ébullition, couvrir et laisser mijoter 30 minutes jusqu'à tendreté. Ajoutez les rognons. Mélangez la semoule de maïs et l'eau et mélangez dans la casserole. Porter à ébullition, puis cuire en remuant jusqu'à ce que la sauce épaississe.

Porc aux nouilles de riz

Offres 4

4 champignons chinois séchés
100 g de nouilles de riz
225 g/8 oz de porc maigre, coupé en lanières
15 ml/1 cuillère à soupe de farine de maïs (amidon de maïs)

15 ml/1 cuillère à soupe de sauce soja

15 ml/1 cuillère à soupe de vin de riz ou de xérès sec

45 ml/3 cuillères à soupe d'huile d'arachide

2,5 ml/½ cuillère à café de sel

1 tranche de racine de gingembre, moulue

2 branches de céleri, hachées

120 ml/4 fl oz/½ tasse de bouillon de poulet

2 oignons nouveaux (oignons verts), tranchés

Faites tremper les champignons dans l'eau tiède pendant 30 minutes et égouttez-les. Jeter les tiges et trancher les chapeaux. Faites tremper les nouilles dans l'eau tiède pendant 30 minutes, égouttez-les et coupez-les en morceaux de 5 cm. Mettez le porc dans un bol. Mélangez la semoule de maïs, la sauce soja et le vin ou le xérès, versez sur le porc et mélangez pour enrober. Faites chauffer l'huile et faites revenir le sel et le gingembre pendant quelques secondes. Ajouter le porc et faire revenir jusqu'à ce qu'il soit légèrement doré. Ajoutez les champignons et le céleri et faites revenir 1 minute. Ajouter le bouillon, porter à ébullition, couvrir et cuire 2 minutes. Ajouter les nouilles et chauffer pendant 2 minutes. Incorporer l'oignon nouveau et servir immédiatement.

Boulettes de porc riches

Offres 4

450 g de porc haché (haché)
160 g de tofu écrasé

4 châtaignes d'eau hachées
sel et poivre fraîchement moulu
120 ml/4 fl oz/½ tasse d'huile d'arachide
1 tranche de racine de gingembre, moulue
600 ml/1 pt/2½ tasses de bouillon de poulet
15 ml/1 cuillère à soupe de sauce soja
5 ml/1 cuillère à café de cassonade
5 ml/1 cuillère à café de vin de riz ou de xérès sec

Mélangez le porc, le tofu et les châtaignes et assaisonnez de sel et de poivre. Former de grosses boules. Faites chauffer l'huile et faites frire les boulettes de porc jusqu'à ce qu'elles soient dorées de tous les côtés, puis retirez-les de la poêle. Égoutter tout sauf 15 ml/1 cuillère à soupe d'huile et ajouter le gingembre, le bouillon, la sauce soja, le sucre et le vin ou le xérès. Remettez les boulettes de porc dans la poêle, portez à ébullition et laissez cuire doucement pendant 20 minutes jusqu'à ce qu'elles soient bien cuites.

Côtelettes de porc rôties

Offres 4

4 côtelettes de porc

75 ml/5 cuillères à soupe de sauce soja

huile pour friture

100 g de bâtonnets de céleri

3 oignons nouveaux (oignons), hachés

1 tranche de racine de gingembre, hachée

15 ml/1 cuillère à soupe de vin de riz ou de xérès sec

120 ml/4 fl oz/½ tasse de bouillon de poulet

sel et poivre fraîchement moulu

5 ml/1 cuillère à café d'huile de sésame

Tremper les côtelettes de porc dans la sauce soja jusqu'à ce qu'elles soient bien enrobées. Faites chauffer l'huile et faites frire les côtelettes jusqu'à ce qu'elles soient dorées. Retirer et bien égoutter. Placez le céleri au fond d'un plat peu profond allant au four. Saupoudrer d'oignons nouveaux et de gingembre et déposer les côtelettes de porc dessus. Verser sur le vin ou le xérès et le bouillon et assaisonner de sel et de poivre. Saupoudrer d'huile de sésame dessus. Cuire au four préchauffé à 200°C/400°C/thermostat 6 pendant 15 minutes.

Porc assaisonné

Offres 4

1 concombre, coupé en dés

sel

450 g de porc maigre, coupé en dés

5 ml/1 cuillère à café de sel

45 ml/3 cuillères à soupe de sauce soja

30 ml/2 cuillères à soupe de vin de riz ou de xérès sec

30 ml/2 cuillères à soupe de farine de maïs (amidon de maïs)

15 ml/1 cuillère à soupe de cassonade

60 ml/4 cuillères à soupe d'huile d'arachide

1 tranche de racine de gingembre, hachée

1 gousse d'ail, hachée

1 piment rouge épépiné et haché

60 ml/4 cuillères à soupe de bouillon de poulet

Saupoudrer le concombre de sel et réserver. Mélangez le porc, le sel, 15 ml/1 cuillère à soupe de sauce soja, 15 ml/1 cuillère à soupe de vin ou de xérès, 15 ml/1 cuillère à soupe de semoule de maïs, la cassonade et 15 ml/1 cuillère à soupe d'huile. Laissez reposer 30 minutes puis retirez la viande de la marinade. Faites chauffer le reste de l'huile et faites frire le porc jusqu'à ce qu'il soit légèrement doré. Ajouter le gingembre, l'ail et le piment et faire sauter pendant 2 minutes. Ajoutez le concombre et faites revenir 2 minutes. Mélangez le bouillon et le reste de la sauce soja, du vin ou du xérès et de la semoule de maïs à la marinade. Mélangez le tout dans une casserole et portez à ébullition en remuant. Laisser mijoter en remuant jusqu'à ce que la sauce soit claire et épaissie, et continuer à mijoter jusqu'à ce que la viande soit cuite.

Tranches de porc glissantes

Offres 4

225 g/8 oz de porc maigre, tranché
2 blancs d'œufs
15 ml/1 cuillère à soupe de farine de maïs (amidon de maïs)
45 ml/3 cuillères à soupe d'huile d'arachide
50 g de pousses de bambou, tranchées
6 oignons nouveaux (oignons verts), hachés
2,5 ml/½ cuillère à café de sel
15 ml/1 cuillère à soupe de vin de riz ou de xérès sec
150 ml / ¼ pt / généreux ½ tasse de bouillon de poulet

Mélangez le porc avec les blancs d'œufs et la semoule de maïs jusqu'à ce qu'ils soient bien enrobés. Faites chauffer l'huile et faites revenir le porc jusqu'à ce qu'il soit légèrement doré, puis retirez-le de la poêle. Ajoutez les pousses de bambou et les oignons nouveaux et faites sauter pendant 2 minutes. Remettez le porc dans la poêle avec le sel, le vin ou le xérès et le poulet. Porter à ébullition et cuire 4 minutes en remuant jusqu'à ce que le porc soit cuit.

Porc aux épinards et carottes

Offres 4

225 g de porc maigre
2 carottes, coupées en lanières
225 g d'épinards
45 ml/3 cuillères à soupe d'huile d'arachide
1 oignon nouveau (oignon), haché
15 ml/1 cuillère à soupe de sauce soja
2,5 ml/½ cuillère à café de sel
10 ml/2 cuillères à café de farine de maïs (amidon de maïs)
30 ml/2 cuillères à soupe d'eau

Tranchez finement le porc contre le grain et coupez-le en lanières. Faire bouillir les carottes pendant environ 3 minutes et les égoutter. Coupez les feuilles d'épinards en deux. Faites chauffer l'huile et faites revenir les oignons nouveaux jusqu'à ce qu'ils soient translucides. Ajouter le porc et faire revenir jusqu'à ce qu'il soit légèrement doré. Ajoutez les carottes et la sauce soja et faites revenir 1 minute. Ajoutez le sel et les épinards et faites sauter pendant environ 30 secondes jusqu'à ce qu'ils commencent à ramollir. Mélangez la semoule de maïs et l'eau pour obtenir une pâte, incorporez la sauce et faites sauter jusqu'à ce qu'elle soit translucide et servez immédiatement.

Porc cuit à la vapeur

Offres 4

450 g de porc maigre, coupé en dés
120 ml/4 fl oz/½ tasse de sauce soja
120 ml/4 fl oz/½ tasse de vin de riz ou de xérès sec
15 ml/1 cuillère à soupe de cassonade

Mélanger tous les ingrédients et mettre dans un bol résistant à la chaleur. Laisser mijoter sur une grille au-dessus de l'eau bouillante pendant environ 1h30 jusqu'à tendreté.

Porc frit

Offres 4

25 g de champignons chinois séchés
15 ml/1 cuillère à soupe d'huile d'arachide
450 g de porc maigre, tranché
1 poivron vert, coupé en dés
15 ml/1 cuillère à soupe de sauce soja
15 ml/1 cuillère à soupe de vin de riz ou de xérès sec
5 ml/1 cuillère à café de sel
5 ml/1 cuillère à café d'huile de sésame

Faites tremper les champignons dans l'eau tiède pendant 30 minutes et égouttez-les. Jetez les tiges et coupez les chapeaux. Faites chauffer l'huile et faites frire le porc jusqu'à ce qu'il soit légèrement doré. Poivrer et faire revenir 1 minute. Ajoutez les champignons, la sauce soja, le vin ou le xérès et le sel et faites sauter quelques minutes jusqu'à ce que la viande soit cuite. Incorporer l'huile de sésame avant de servir.

Porc aux patates douces

Offres 4

huile pour friture
2 grosses patates douces, tranchées
30 ml/2 cuillères à soupe d'huile d'arachide
1 tranche de racine de gingembre, tranchée
1 oignon, tranché
450 g de porc maigre, coupé en dés
15 ml/1 cuillère à soupe de sauce soja
2,5 ml/½ cuillère à café de sel
poivre fraîchement moulu
250 ml / 8 fl oz / 1 tasse de bouillon de poulet
30 ml/2 cuillères à soupe de curry en poudre

Faites chauffer l'huile et faites frire les patates douces jusqu'à ce qu'elles soient dorées. Retirer de la poêle et bien égoutter. Faites chauffer l'huile d'arachide et faites revenir le gingembre et l'oignon jusqu'à ce qu'ils soient légèrement dorés. Ajouter le porc et faire revenir jusqu'à ce qu'il soit légèrement doré. Ajoutez la sauce soja, le sel et une pincée de poivre puis ajoutez le bouillon et le curry, portez à ébullition et laissez cuire 1 minute en remuant. Ajouter les pommes de terre sautées, couvrir et laisser mijoter 30 minutes jusqu'à ce que le porc soit cuit.

Porc aigre-doux

Offres 4

450 g de porc maigre, coupé en dés
15 ml/1 cuillère à soupe de vin de riz ou de xérès sec
15 ml/1 cuillère à soupe d'huile d'arachide
5 ml/1 cuillère à café de curry en poudre
1 œuf battu
sel
100 g de semoule de maïs (amidon de maïs)
huile pour friture
1 gousse d'ail écrasée
75 g/3 oz/½ tasse de sucre
50 g de ketchup aux tomates (catsup)
5 ml/1 cuillère à café de vinaigre de vin
5 ml/1 cuillère à café d'huile de sésame

Mélangez le porc avec le vin ou le xérès, l'huile, la poudre de curry, l'œuf et un peu de sel. Incorporer la semoule de maïs jusqu'à ce que le porc soit enrobé de pâte. Faites chauffer l'huile pour fumer et ajoutez les cubes de porc plusieurs fois. Faire frire environ 3 minutes, égoutter et réserver. Faites chauffer à nouveau l'huile et faites revenir les cubes pendant environ 2 minutes. Retirer et égoutter. Faites chauffer l'ail, le sucre, le ketchup aux tomates et le vinaigre de vin en remuant jusqu'à ce que le sucre se dissolve. Portez à ébullition, ajoutez les cubes de porc et mélangez bien. Incorporer l'huile de sésame et servir.

Porc salé

Offres 4

30 ml/2 cuillères à soupe d'huile d'arachide
450 g de porc maigre, coupé en dés
3 oignons nouveaux (oignons), tranchés
2 gousses d'ail écrasées
1 tranche de racine de gingembre, moulue
250 ml/8 fl oz/1 tasse de sauce soja
30 ml/2 cuillères à soupe de vin de riz ou de xérès sec
30 ml/2 cuillères à soupe de cassonade
5 ml/1 cuillère à café de sel
600 ml/1 pt/2½ tasses d'eau

Faites chauffer l'huile et faites frire le porc jusqu'à ce qu'il soit doré. Égoutter l'excès d'huile, ajouter les oignons nouveaux, l'ail et le gingembre et faire revenir pendant 2 minutes. Ajouter la sauce soja, le vin ou le xérès, le sucre et le sel et bien mélanger. Ajouter l'eau, porter à ébullition, couvrir et cuire 1 heure.

Porc au tofu

Offres 4

450 g de porc maigre
45 ml/3 cuillères à soupe d'huile d'arachide
1 oignon, tranché
1 gousse d'ail écrasée
225 g de tofu en cubes
375 ml/13 fl oz/1 ½ tasse de bouillon de poulet
15 ml/1 cuillère à soupe de cassonade
60 ml/4 cuillères à soupe de sauce soja
2,5 ml/½ cuillère à café de sel

Mettez le porc dans la marmite et couvrez d'eau. Porter à ébullition et cuire 5 minutes. Égoutter et laisser refroidir et couper en cubes.

Faites chauffer l'huile et faites revenir l'oignon et l'ail jusqu'à ce qu'ils soient légèrement dorés. Ajouter le porc et faire revenir jusqu'à ce qu'il soit légèrement doré. Ajouter le tofu et mélanger doucement jusqu'à ce qu'il soit recouvert d'huile. Ajouter le bouillon, le sucre, la sauce soja et le sel, porter à ébullition, couvrir et laisser mijoter environ 40 minutes jusqu'à ce que le porc soit cuit.

Porc frit tendre

Offres 4

225 g/8 oz de filet de porc, coupé en dés
1 blanc d'oeuf
30 ml/2 cuillères à soupe de vin de riz ou de xérès sec
sel
225 g/8 oz de semoule de maïs (à partir de fécule de maïs)
huile pour friture

Mélangez le porc avec le blanc d'œuf, le vin ou le xérès et un peu de sel. Incorporer progressivement suffisamment de semoule de maïs pour obtenir une pâte épaisse. Faites chauffer l'huile et faites frire le porc jusqu'à ce qu'il soit doré et croustillant à l'extérieur et tendre à l'intérieur.

Porc cuit deux fois

Offres 4

225 g de porc maigre

45 ml/3 cuillères à soupe d'huile d'arachide

2 poivrons verts coupés en morceaux

2 gousses d'ail, hachées

2 oignons nouveaux (oignons verts), tranchés

15 ml/1 cuillère à soupe de sauce aux haricots piquants

15 ml/1 cuillère à soupe de bouillon de poulet

5 ml/1 cuillère à café de sucre

Placer la côtelette de porc dans une casserole, couvrir d'eau, porter à ébullition et cuire 20 minutes jusqu'à ce qu'elle soit bien cuite. Retirer, égoutter et laisser refroidir. Trancher finement.

Faites chauffer l'huile et faites frire le porc jusqu'à ce qu'il soit légèrement doré. Ajouter les poivrons, l'ail et l'oignon nouveau et faire revenir 2 minutes. Retirer de la poêle. Ajouter la sauce aux haricots, le bouillon et le sucre dans la poêle et cuire en remuant pendant 2 minutes. Remettez le porc et les poivrons et faites cuire jusqu'à ce qu'ils soient bien chauds. Servir immédiatement.

Porc aux légumes

Offres 4

2 gousses d'ail écrasées

5 ml/1 cuillère à café de sel

2,5 ml/½ cuillère à café de poivre fraîchement moulu

30 ml/2 cuillères à soupe d'huile d'arachide

30 ml/2 cuillères à soupe de sauce soja

225 g de fleurons de brocoli

200 g de fleurons de chou-fleur

1 poivron rouge, coupé en dés

1 oignon, haché

2 oranges pelées et coupées en dés

1 branche de gingembre hachée

30 ml/2 cuillères à soupe de farine de maïs (amidon de maïs)

300 ml/½ pt/1¼ tasse d'eau

20 ml/2 cuillères à soupe de vinaigre de vin

15 ml/1 cuillère à soupe de miel

une pincée de gingembre moulu

2,5 ml/½ cuillère à café de cumin

Écrasez l'ail, le sel et le poivre dans la viande. Faites chauffer l'huile et faites frire la viande jusqu'à ce qu'elle soit légèrement dorée. Retirer de la poêle. Ajoutez la sauce soja et les légumes dans la poêle et faites sauter jusqu'à ce qu'ils soient cuits mais encore croquants. Ajoutez les oranges et le gingembre. Mélangez la semoule de maïs et l'eau et mélangez-la dans une casserole avec le vinaigre de vin, le miel, le gingembre et le cumin. Porter à ébullition et cuire 2 minutes en remuant. Remettez le porc dans la poêle et réchauffez-le avant de servir.

Porc aux noix

Offres 4

50 g/2 oz/½ tasse de noix
225 g/8 oz de porc maigre, coupé en lanières
30 ml/2 cuillères à soupe de farine nature (générale)
30 ml/2 cuillères à soupe de cassonade
30 ml/2 cuillères à soupe de sauce soja
huile pour friture
15 ml/1 cuillère à soupe d'huile d'arachide

Faire bouillir les noix dans l'eau bouillante pendant 2 minutes et égoutter. Mélangez le porc avec la farine, le sucre et 15 ml/1 cuillère à soupe de sauce soja jusqu'à ce qu'il soit bien enrobé. Faites chauffer l'huile et faites frire le porc jusqu'à ce qu'il soit croustillant et doré. Égoutter sur du papier absorbant. Faites chauffer l'huile d'arachide et faites frire les noix jusqu'à ce qu'elles soient dorées. Ajouter le porc dans la poêle, saupoudrer du reste de sauce soja et faire sauter jusqu'à ce qu'il soit bien chaud.

Wontons au porc

Offres 4

450 g de porc haché (haché)
1 oignon nouveau (oignon), haché
225 g/8 oz de légumes mélangés, hachés
30 ml/2 cuillères à soupe de sauce soja
5 ml/1 cuillère à café de sel
40 peaux de wonton
huile pour friture

Faites chauffer la poêle et faites revenir le porc et les oignons nouveaux jusqu'à ce qu'ils soient légèrement dorés. Retirer du feu et incorporer les légumes, la sauce soja et le sel.

Pour plier les wontons, tenez la peau avec la paume de votre main gauche et versez la garniture au centre. Humidifiez les bords avec de l'œuf, pliez la peau en triangle et scellez les bords. Humidifiez les coins avec l'œuf et tournez-les ensemble.

Faites chauffer l'huile et faites frire les wontons quelques-uns à la fois jusqu'à ce qu'ils soient dorés. Bien égoutter avant de servir.

Porc aux châtaignes d'eau

Offres 4

45 ml/3 cuillères à soupe d'huile d'arachide
1 gousse d'ail écrasée
1 oignon nouveau (oignon), haché
1 tranche de racine de gingembre, moulue
225 g/8 oz de porc maigre, coupé en lanières
100 g de châtaignes d'eau tranchées finement
45 ml/3 cuillères à soupe de sauce soja
15 ml/1 cuillère à soupe de vin de riz ou de xérès sec
5 ml/1 cuillère à café de farine de maïs (amidon de maïs)

Faites chauffer l'huile et faites revenir l'ail, l'oignon nouveau et le gingembre jusqu'à ce qu'ils soient légèrement dorés. Ajouter le porc et faire sauter pendant 10 minutes jusqu'à ce qu'il soit doré. Ajoutez les châtaignes d'eau et faites sauter pendant 3 minutes. Ajoutez le reste des ingrédients et faites revenir 3 minutes.

Wontons au porc et aux crevettes

Offres 4

225 g de porc haché (haché)
2 oignons nouveaux (oignons), hachés
100 g de légumes mélangés, hachés
100 g de champignons hachés
225 g/8 oz de crevettes décortiquées, hachées
15 ml/1 cuillère à soupe de sauce soja
2,5 ml/½ cuillère à café de sel
40 peaux de wonton
huile pour friture

Faites chauffer la poêle et faites revenir le porc et les oignons nouveaux jusqu'à ce qu'ils soient légèrement dorés. Incorporer le reste des ingrédients.

Pour plier les wontons, tenez la peau avec la paume de votre main gauche et versez la garniture au centre. Humidifiez les bords avec de l'œuf, pliez la peau en triangle et scellez les bords. Humidifiez les coins avec l'œuf et tournez-les ensemble.

Faites chauffer l'huile et faites frire les wontons quelques-uns à la fois jusqu'à ce qu'ils soient dorés. Bien égoutter avant de servir.

Petits pains à la viande hachée cuits à la vapeur

Offres 4

2 gousses d'ail écrasées
2,5 ml/½ cuillère à café de sel
450 g de porc haché (haché)
1 oignon, haché
1 poivron rouge, haché
1 poivron vert, haché
2 tiges de gingembre hachées
5 ml/1 cuillère à café de curry en poudre
5 ml/1 cuillère à café de paprika
1 œuf battu
45 ml/3 cuillères à soupe de farine de maïs (amidon de maïs)
50 g de riz à grains courts
sel et poivre fraîchement moulu
60 ml/4 cuillères à soupe de ciboulette hachée

Mélangez l'ail, le sel, le porc, l'oignon, les poivrons, le gingembre, la poudre de curry et le paprika. Mélangez l'œuf au mélange avec la semoule de maïs et le riz. Assaisonner de sel et de poivre et incorporer la ciboulette. Façonnez le mélange en petites boules avec les mains mouillées. Placez-les dans un panier vapeur, couvrez et faites cuire dans de l'eau doucement frémissante pendant 20 minutes jusqu'à ce qu'ils soient tendres.

Côtes levées à la sauce aux haricots noirs

Offres 4

900 g de côtes de porc
2 gousses d'ail écrasées
2 oignons nouveaux (oignons), hachés
30 ml/2 cuillères à soupe de sauce aux haricots noirs
30 ml/2 cuillères à soupe de vin de riz ou de xérès sec
15 ml/1 cuillère à soupe d'eau
30 ml/2 cuillères à soupe de sauce soja
15 ml/1 cuillère à soupe de farine de maïs (amidon de maïs)
5 ml/1 cuillère à café de sucre
120 ml/4 fl oz/½ tasse d'eau
30 ml/2 cuillères à soupe d'huile
2,5 ml/½ cuillère à café de sel
120 ml/4 fl oz/½ tasse de bouillon de poulet

Coupez les côtes supplémentaires en morceaux de 2,5 cm/1. Mélangez l'ail, l'oignon nouveau, la sauce aux haricots noirs, le vin ou le xérès, l'eau et 15 ml/1 cuillère à soupe de sauce soja. Mélangez le reste de la sauce soja avec la semoule de maïs, le sucre et l'eau. Faites chauffer l'huile et le sel et faites revenir les côtes jusqu'à ce qu'elles soient dorées. Égoutter l'huile. Ajouter le mélange d'ail et cuire 2 minutes. Ajouter le bouillon, porter à ébullition, couvrir et laisser mijoter 4 minutes. Incorporer le mélange de semoule de maïs et cuire en remuant jusqu'à ce que la sauce soit claire et épaissie.

Côtes levées grillées

Offres 4

3 gousses d'ail écrasées
75 ml/5 cuillères à soupe de sauce soja
60 ml/4 cuillères à soupe de sauce hoisin
60 ml/4 cuillères à soupe de vin de riz ou de xérès sec
45 ml/3 cuillères à soupe de cassonade
30 ml/2 cuillères à soupe de purée de tomates (pâte)
900 g de côtes de porc
15 ml/1 cuillère à soupe de miel

Mélangez l'ail, la sauce soja, la sauce hoisin, le vin ou le xérès, la cassonade et la purée de tomates, versez sur les côtes levées, couvrez et laissez mariner toute la nuit.

Égouttez les côtes levées et placez-les sur une grille dans un plat allant au four avec un peu d'eau en dessous. Cuire au four préchauffé à 180°C/350°F/thermostat 4 pendant 45 minutes, en arrosant de temps en temps avec la marinade, en réservant 30 ml/2 cuillères à soupe de marinade. Mélangez la marinade réservée avec le miel et badigeonnez les côtes. Griller ou griller (frire) sous un grill chaud pendant environ 10 minutes.

Côtes levées grillées à l'érable

Offres 4

900 g de côtes de porc
60 ml/4 cuillères à soupe de sirop d'érable
5 ml/1 cuillère à café de sel
5 ml/1 cuillère à café de sucre
45 ml/3 cuillères à soupe de sauce soja
15 ml/1 cuillère à soupe de vin de riz ou de xérès sec
1 gousse d'ail écrasée

Coupez les côtes supplémentaires en morceaux de 5 cm/2 et placez-les dans un bol. Mélangez tous les ingrédients, ajoutez les côtes levées et mélangez bien. Couvrir et laisser mariner toute la nuit. Griller (cuire) ou griller à feu moyen pendant environ 30 minutes.

Côtes levées frites

Offres 4

900 g de côtes de porc
120 ml/4 fl oz/½ tasse de ketchup aux tomates (catsup)
120 ml/4 fl oz/½ tasse de vinaigre de vin
60 ml/4 cuillères à soupe de chutney de mangue
45 ml/3 cuillères à soupe de vin de riz ou de xérès sec
2 gousses d'ail, hachées
5 ml/1 cuillère à café de sel
45 ml/3 cuillères à soupe de sauce soja
30 ml/2 cuillères à soupe de miel
15 ml/1 cuillère à soupe de poudre de curry doux
15 ml/1 cuillère à soupe de paprika
huile pour friture
60 ml/4 cuillères à soupe de ciboulette hachée

Mettez les côtes levées supplémentaires dans un bol. Mélangez tous les ingrédients sauf l'huile et la ciboulette, versez sur les côtes levées, couvrez et laissez mariner au moins 1 heure. Faites chauffer l'huile et faites revenir les côtes jusqu'à ce qu'elles soient croustillantes. Servir parsemé de ciboulette.

Spare ribs aux poireaux

Offres 4

450 g de côtes de porc
huile pour friture
250 ml / 8 onces liquides / 1 tasse
30 ml/2 cuillères à soupe de ketchup aux tomates (catsup)
2,5 ml/½ cuillère à café de sel
2,5 ml/½ cuillère à café de sucre
2 poireaux, coupés en morceaux
6 oignons nouveaux (oignons verts), coupés en morceaux
50 g de fleurons de brocoli
5 ml/1 cuillère à café d'huile de sésame

Coupez les côtes supplémentaires en morceaux de 5 cm/2. Faites chauffer l'huile et faites revenir les côtes jusqu'à ce qu'elles commencent à dorer. Retirez-les de la poêle et versez tout sauf 30 ml/2 cuillères à soupe d'huile. Ajouter le bouillon, le ketchup aux tomates, le sel et le sucre, porter à ébullition et cuire 1 minute. Remettez les côtes levées dans la poêle et laissez mijoter environ 20 minutes jusqu'à ce qu'elles soient bien cuites.

Pendant ce temps, faites chauffer encore 30 ml/2 cuillères à soupe d'huile et faites revenir le poireau, l'oignon nouveau et le brocoli pendant environ 5 minutes. Saupoudrer d'huile de sésame et disposer autour d'une assiette de service chaude. Versez les côtes levées et la sauce au centre et servez.

Côtes levées aux champignons

Pour 4 à 6 personnes

6 champignons chinois séchés

900 g de côtes de porc

2 gousses d'anis étoilé

45 ml/3 cuillères à soupe de sauce soja

5 ml/1 cuillère à café de sel

15 ml/1 cuillère à soupe de farine de maïs (amidon de maïs)

Faites tremper les champignons dans l'eau tiède pendant 30 minutes et égouttez-les. Jeter les tiges et trancher les chapeaux. Coupez les côtes supplémentaires en morceaux de 5 cm/2. Faites bouillir l'eau, ajoutez les côtes levées et laissez cuire 15 minutes.

Bien égoutter. Remettez les côtes levées dans la casserole et couvrez d'eau froide. Ajouter les champignons, l'anis étoilé, la sauce soja et le sel. Porter à ébullition, couvrir et laisser mijoter environ 45 minutes jusqu'à ce que la viande soit tendre. Mélangez la semoule de maïs avec un peu d'eau froide, mélangez dans la poêle et faites cuire en remuant jusqu'à ce que la sauce soit claire et épaissie.

Côtes levées à l'orange

Offres 4

900 g de côtes de porc
5 ml/1 cuillère à café de fromage râpé
5 ml/1 cuillère à café de farine de maïs (amidon de maïs)
45 ml/3 cuillères à soupe de vin de riz ou de xérès sec
sel
huile pour friture
15 ml/1 cuillère à soupe d'eau
2,5 ml/½ cuillère à café de sucre
15 ml/1 cuillère à soupe de purée de tomates (pâte)
2,5 ml/½ cuillère à café de sauce chili

Le zeste râpé d'1 orange
1 orange, tranchée

Coupez les côtes en morceaux et mélangez-les avec le fromage, la semoule de maïs, 5 ml/1 cuillère à café de vin ou de xérès et une pincée de sel. Laisser mariner 30 minutes. Faites chauffer l'huile et faites frire les côtes levées pendant environ 3 minutes jusqu'à ce qu'elles soient dorées. Faites chauffer 15 ml/1 cuillère à soupe d'huile dans un wok, ajoutez l'eau, le sucre, la purée de tomates, la sauce chili, le zeste d'orange et le reste du vin ou du sherry et remuez à feu doux pendant 2 minutes. Ajouter le porc et remuer jusqu'à ce qu'il soit bien enrobé. Transférer dans une assiette de service chaude et servir garni de tranches d'orange.

Côtes levées à l'ananas

Offres 4

900 g de côtes de porc
600 ml/1 pt/2½ tasses d'eau
30 ml/2 cuillères à soupe d'huile d'arachide
2 gousses d'ail, hachées
200 g/7 oz d'ananas en conserve dans du jus de fruit
120 ml/4 fl oz/½ tasse de bouillon de poulet

60 ml/4 cuillères à soupe de vinaigre de vin
50 g/2 oz/¼ tasse de cassonade
15 ml/1 cuillère à soupe de sauce soja
15 ml/1 cuillère à soupe de farine de maïs (amidon de maïs)
3 oignons nouveaux (oignons), hachés

Mettez le porc et l'eau dans une casserole, portez à ébullition, couvrez et laissez mijoter 20 minutes. Bien égoutter.

Faites chauffer l'huile et faites revenir l'ail jusqu'à ce qu'il soit légèrement doré. Ajouter les côtes levées et faire sauter jusqu'à ce qu'elles soient bien enrobées d'huile. Égoutter les morceaux d'ananas et ajouter 120 ml de jus avec le bouillon, le vinaigre de vin, le sucre et la sauce soja. Porter à ébullition, couvrir et laisser mijoter 10 minutes. Ajoutez l'ananas égoutté. Mélangez un peu d'eau à la semoule de maïs, mélangez à la sauce et faites cuire en remuant jusqu'à ce que la sauce soit claire et épaissie. Servir parsemé d'oignons nouveaux.

Côtes de crevettes croustillantes

Offres 4

900 g de côtes de porc
450 g de crevettes décortiquées
5 ml/1 cuillère à café de sucre

sel et poivre fraîchement moulu
30 ml/2 cuillères à soupe de farine nature (générale)
1 œuf légèrement battu
100 g de chapelure
huile pour friture

Coupez les côtes supplémentaires en morceaux de 5 cm/2. Coupez un peu la viande et hachez-la avec les crevettes, le sucre, le sel et le poivre. Incorporer la farine et l'œuf pour rendre le mélange collant. Pressez les côtes et saupoudrez de chapelure. Faites chauffer l'huile et faites revenir les côtes jusqu'à ce qu'elles remontent à la surface. Bien égoutter et servir chaud.

Côtes levées au vin de riz

Offres 4

900 g de côtes de porc
450 ml/¾ pt/2 tasses d'eau
60 ml/4 cuillères à soupe de sauce soja
5 ml/1 cuillère à café de sel
30 ml/2 cuillères à soupe de vin de riz
5 ml/1 cuillère à café de sucre

Coupez les côtes en morceaux de 2,5 cm/1. Mettre dans une casserole avec l'eau, la sauce soja et le sel, porter à ébullition, couvrir et laisser mijoter 1 heure. Bien égoutter. Faites chauffer la poêle et ajoutez les côtes levées, le vin de riz et le sucre. Faire frire à feu vif en remuant jusqu'à ce que le liquide s'évapore.

Côtes levées aux graines de sésame

Offres 4

900 g de côtes de porc

1 oeuf

30 ml/2 cuillères à soupe de farine nature (générale)

5 ml/1 cuillère à café de farine de pomme de terre

45 ml/3 cuillères à soupe d'eau

huile pour friture

30 ml/2 cuillères à soupe d'huile d'arachide

30 ml/2 cuillères à soupe de ketchup aux tomates (catsup)

30 ml/2 cuillères à soupe de cassonade

10 ml/2 cuillères à café de vinaigre de vin
45 ml/3 cuillères à soupe de graines de sésame
4 feuilles de laitue

Coupez les côtes supplémentaires en morceaux de 10 cm et placez-les dans un bol. Mélangez l'œuf avec la farine, la fécule de pomme de terre et l'eau, mélangez avec les côtes levées et laissez reposer 4 heures.

Faites chauffer l'huile et faites revenir les côtes jusqu'à ce qu'elles soient dorées, retirez-les et égouttez-les. Faites chauffer l'huile et faites revenir le ketchup aux tomates, la cassonade et le vinaigre de vin pendant quelques minutes. Ajouter les côtes levées et faire sauter jusqu'à ce qu'elles soient enrobées. Saupoudrer de graines de sésame et faire sauter pendant 1 minute. Disposez les feuilles de laitue sur un plat de service chaud, parsemez les côtes levées et servez.

Spareribs Sweet And Sour

Offres 4

900 g de côtes de porc

600 ml/1 pt/2½ tasses d'eau

30 ml/2 cuillères à soupe d'huile d'arachide

2 gousses d'ail écrasées

5 ml/1 cuillère à café de sel

100 g/4 oz/½ tasse de cassonade

75 ml/5 cuillères à soupe de bouillon de poulet

60 ml/4 cuillères à soupe de vinaigre de vin

100 g/4 oz d'ananas en conserve au sirop

15 ml/1 cuillère à soupe de purée de tomates (pâte)

15 ml/1 cuillère à soupe de sauce soja

15 ml/1 cuillère à soupe de farine de maïs (amidon de maïs)

30 ml/2 cuillères à soupe de noix de coco desséchée

Mettez le porc et l'eau dans une casserole, portez à ébullition, couvrez et laissez mijoter 20 minutes. Bien égoutter.

Faites chauffer l'huile et faites frire les côtes avec l'ail et le sel jusqu'à ce qu'elles soient dorées. Ajouter le sucre, le bouillon et le vinaigre de vin et chauffer jusqu'à ébullition. Égoutter l'ananas et ajouter 30 ml/2 cuillères à soupe de sirop dans la poêle avec la purée de tomates, la sauce soja et la semoule de maïs. Bien mélanger et cuire en remuant jusqu'à ce que la sauce soit claire et épaissie. Ajouter l'ananas, laisser mijoter 3 minutes et servir saupoudré de noix de coco.

Côtes levées frites

Offres 4

900 g de côtes de porc
1 œuf battu
5 ml/1 cuillère à café de sauce soja
5 ml/1 cuillère à café de sel
10 ml/2 cuillères à café de farine de maïs (amidon de maïs)
10 ml/2 cuillères à café de sucre
60 ml/4 cuillères à soupe d'huile d'arachide
250 ml/8 fl oz/1 tasse de vinaigre de vin

250 ml / 8 fl oz / 1 tasse d'eau
250 ml/8 fl oz/1 tasse de vin de riz ou de xérès sec

Mettez les côtes levées supplémentaires dans un bol. Mélangez l'œuf avec la sauce soja, le sel, la moitié de la semoule de maïs et la moitié du sucre, ajoutez aux côtes levées et mélangez bien. Faites chauffer l huile et faites revenir les côtes jusqu'à ce qu'elles soient dorées. Ajouter le reste des ingrédients, porter à ébullition et cuire jusqu'à ce que le liquide soit presque évaporé.

Côtes levées à la tomate

Offres 4

900 g de côtes de porc
75 ml/5 cuillères à soupe de sauce soja
30 ml/2 cuillères à soupe de vin de riz ou de xérès sec
2 oeufs, battus
45 ml/3 cuillères à soupe de farine de maïs (amidon de maïs)
huile pour friture
45 ml/3 cuillères à soupe d'huile d'arachide

1 oignon, tranché finement
250 ml / 8 fl oz / 1 tasse de bouillon de poulet
60 ml/4 cuillères à soupe de ketchup aux tomates (catsup)
10 ml/2 cuillères à café de cassonade

Coupez les côtes supplémentaires en morceaux de 2,5 cm/1. Mélangez 60 ml/4 cuillères à soupe de sauce soja et du vin ou du xérès et laissez mariner 1 heure en remuant de temps en temps. Égoutter, jeter la marinade. Badigeonner les côtes d'œuf puis de semoule de maïs. Faites chauffer l'huile et faites frire les côtes quelques à la fois jusqu'à ce qu'elles soient dorées. Bien égoutter. Faites chauffer l'huile d'arachide et faites revenir l'oignon jusqu'à ce qu'il soit translucide. Ajouter le bouillon, le reste de la sauce soja, le ketchup et la cassonade et cuire 1 minute en remuant. Ajouter les côtes levées et laisser mijoter 10 minutes.

Porc grillé

Pour 4 à 6 personnes

1,25 kg/3 lb d'épaule de porc désossée
2 gousses d'ail écrasées
2 oignons nouveaux (oignons), hachés
250 ml/8 fl oz/1 tasse de sauce soja
120 ml/4 fl oz/½ tasse de vin de riz ou de xérès sec
100 g/4 oz/½ tasse de cassonade

5 ml/1 cuillère à café de sel

Mettez le porc dans un bol. Mélangez le reste des ingrédients, versez sur le porc, couvrez et laissez mariner 3 heures. Transférer le porc et la marinade dans un plat allant au four et rôtir dans un four préchauffé à 200°C/400°F/thermostat 6 pendant 10 minutes. Réduire la température à 160°C/325°F/thermostat 3 pendant 1¾ heures jusqu'à ce que le porc soit bien cuit.

Porc froid à la moutarde

Offres 4

1 kg/2 lb de rôti de porc désossé
250 ml/8 fl oz/1 tasse de sauce soja
120 ml/4 fl oz/½ tasse de vin de riz ou de xérès sec
100 g/4 oz/½ tasse de cassonade
3 oignons nouveaux (oignons), hachés
5 ml/1 cuillère à café de sel
30 ml/2 cuillères à soupe de moutarde en poudre

Mettez le porc dans un bol. Mélangez tous les autres ingrédients sauf la moutarde et versez sur le porc. Laisser mariner au moins 2 heures en brossant souvent. Tapisser un plat allant au four de papier d'aluminium et placer le porc sur une grille dans le plat. Rôtir dans un four préchauffé à 200°C/400°F/thermostat 6 pendant 10 minutes, puis réduire la température à 160°C/325°F/thermostat 3 pendant encore 1¾ heure, jusqu'à ce que le porc soit bien cuit. Laisser refroidir et réfrigérer. Trancher très finement. Mélangez la poudre de moutarde avec juste assez d'eau pour obtenir une pâte crémeuse à servir avec le porc.

Rôti de porc chinois

Offres 6

1,25 kg de porc, tranché épaisse

2 gousses d'ail, hachées

30 ml/2 cuillères à soupe de vin de riz ou de xérès sec

15 ml/1 cuillère à soupe de cassonade

15 ml/1 cuillère à soupe de miel

90 ml/6 cuillères à soupe de sauce soja

2,5 ml/½ cuillère à café de poudre aux cinq épices

Disposez le porc dans un plat plat. Mélanger le reste des ingrédients, verser sur le porc, couvrir et laisser mariner au réfrigérateur toute la nuit en retournant et en arrosant de temps en temps.

Placer les tranches de porc sur la grille dans un plat allant au four rempli d'un peu d'eau et bien les enrober de marinade. Cuire au four préchauffé à 180°C/350°F/thermostat 5 pendant environ 1 heure entre les arrosages, jusqu'à ce que le porc soit bien cuit.

Porc aux épinards

Pour 6 à 8 personnes

30 ml/2 cuillères à soupe d'huile d'arachide
1,25 kg de filet de porc
250 ml / 8 fl oz / 1 tasse de bouillon de poulet
15 ml/1 cuillère à soupe de cassonade
60 ml/4 cuillères à soupe de sauce soja
900 g d'épinards

Faites chauffer l'huile et faites dorer le porc de tous les côtés. Retirez la majeure partie de la graisse. Ajouter le bouillon, le sucre et la sauce soja, porter à ébullition, couvrir et laisser mijoter environ 2 heures jusqu'à ce que le porc soit cuit. Retirez la viande de la poêle et laissez-la refroidir légèrement, puis coupez-la en tranches. Ajouter les épinards dans la poêle et cuire lentement en remuant jusqu'à ce qu'ils ramollissent. Égoutter les épinards et les déposer sur un plat de service chaud. Saupoudrer les tranches de porc et servir.

Boulettes de porc frites

Offres 4

450 g de porc haché (haché)
1 tranche de racine de gingembre, moulue
15 ml/1 cuillère à soupe de farine de maïs (amidon de maïs)
15 ml/1 cuillère à soupe d'eau
2,5 ml/½ cuillère à café de sel

10 ml/2 cuillères à café de sauce soja
huile pour friture

Mélangez le porc et le gingembre. Mélangez la semoule de maïs, l'eau, le sel et la sauce soja et mélangez le mélange au porc et mélangez bien. Façonner des boules de la taille d'une noix. Faites chauffer l'huile et faites frire les boulettes de porc jusqu'à ce qu'elles montent au-dessus de l'huile. Retirer de l'huile et réchauffer. Remettez le porc dans la poêle et laissez cuire 1 minute. Bien égoutter.

Rouleaux aux œufs de porc et de crevettes

Offres 4

30 ml/2 cuillères à soupe d'huile d'arachide
225 g de porc haché (haché)
225 g de crevettes
100 g de feuilles chinoises, déchiquetées

100 g de pousses de bambou coupées en lanières
100 g de châtaignes d'eau coupées en lanières
10 ml/2 cuillères à café de sauce soja
5 ml/1 cuillère à café de sel
5 ml/1 cuillère à café de sucre
3 oignons nouveaux (oignons), hachés
8 peaux de nems
huile pour friture

Faites chauffer l'huile et faites frire le porc jusqu'à ce qu'il soit épais. Ajoutez les crevettes et faites sauter pendant 1 minute. Ajoutez les feuilles de Chine, les pousses de bambou, les châtaignes d'eau, la sauce soja, le sel et le sucre et faites sauter 1 minute, couvrez et laissez mijoter 5 minutes. Incorporer les oignons nouveaux, passer dans une passoire et laisser égoutter.

Placez quelques cuillerées de garniture au centre de chaque coquille de nem, retournez le fond, repliez les côtés, puis roulez en recouvrant la garniture. Scellez le bord avec un petit mélange de farine et d'eau et laissez sécher 30 minutes. Faites chauffer l'huile et faites frire les nems pendant environ 10 minutes jusqu'à ce qu'ils soient croustillants et dorés. Bien égoutter avant de servir.

Porc haché à la vapeur

Offres 4

450 g de porc haché (haché)
5 ml/1 cuillère à café de farine de maïs (amidon de maïs)
2,5 ml/½ cuillère à café de sel
10 ml/2 cuillères à café de sauce soja

Mélangez le porc avec les autres ingrédients et étalez le mélange dans un plat peu profond allant au four. Placer dans un cuiseur vapeur au-dessus de l'eau bouillante et cuire à la vapeur pendant environ 30 minutes jusqu'à ce qu'il soit cuit. Servir chaud.

Porc frit à la chair de crabe

Offres 4

225 g de chair de crabe en flocons
100 g de champignons hachés
100 g de pousses de bambou hachées

5 ml/1 cuillère à café de farine de maïs (amidon de maïs)

2,5 ml/½ cuillère à café de sel

225 g/8 oz de porc cuit, tranché

1 blanc d'oeuf légèrement battu

huile pour friture

15 ml/1 cuillère à soupe de persil frais haché

Mélangez la chair de crabe, les champignons, les pousses de bambou, la majeure partie de la semoule de maïs et le sel. Coupez la viande en carrés de 5 cm/2. Préparez des sandwichs avec le mélange de chair de crabe. Badigeonner de blanc d'oeuf. Faites chauffer l'huile et faites frire les sandwichs quelques uns à la fois jusqu'à ce qu'ils soient dorés. Bien égoutter. Servir parsemé de persil.

Porc aux germes de soja

Offres 4

30 ml/2 cuillères à soupe d'huile d'arachide

2,5 ml/½ cuillère à café de sel

2 gousses d'ail écrasées

450 g de germes de soja

225 g de porc cuit, coupé en dés
120 ml/4 fl oz/½ tasse de bouillon de poulet
15 ml/1 cuillère à soupe de sauce soja
15 ml/1 cuillère à soupe de vin de riz ou de xérès sec
5 ml/1 cuillère à café de sucre
15 ml/1 cuillère à soupe de farine de maïs (amidon de maïs)
2,5 ml/½ cuillère à café d'huile de sésame
3 oignons nouveaux (oignons), hachés

Faites chauffer l'huile et faites revenir le sel et l'ail jusqu'à ce qu'ils soient légèrement dorés. Ajouter les germes de soja et le porc et faire sauter pendant 2 minutes. Ajouter la moitié du bouillon, porter à ébullition, couvrir et laisser mijoter 3 minutes. Mélangez le reste du bouillon avec les autres ingrédients, mélangez dans la casserole, remettez à ébullition et laissez cuire 4 minutes en remuant. Servir parsemé d'oignons nouveaux.

Porc ivre

Offres 6

1,25 kg/3 lb de porc roulé désossé
30 ml/2 cuillères à soupe de sel
poivre fraîchement moulu
1 oignon nouveau (oignon), haché
2 gousses d'ail, hachées

1 bouteille de vin blanc sec

Mettez le porc dans la poêle et ajoutez du sel, du poivre, de l'oignon nouveau et de l'ail. Couvrir d'eau bouillante, remettre à ébullition, couvrir et laisser mijoter 30 minutes. Retirez le porc de la poêle, laissez-le refroidir et sécher pendant 6 heures ou toute la nuit au réfrigérateur. Coupez le porc en gros morceaux et mettez-le dans un grand bouchon à vis. Couvrir de vin, sceller et réfrigérer au moins 1 semaine.

Cuisse de porc à la vapeur

Pour 6 à 8 personnes

1 petite cuisse de porc
90 ml/6 cuillères à soupe de sauce soja
450 ml/¾ pt/2 tasses d'eau
45 ml/3 cuillères à soupe de cassonade
15 ml/1 cuillère à soupe de vin de riz ou de xérès sec
30 ml/2 cuillères à soupe d'huile d'arachide

3 gousses d'ail écrasées
450 g d'épinards
2,5 ml/½ cuillère à café de sel
30 ml/2 cuillères à soupe de farine de maïs (amidon de maïs)

Percez la peau de porc avec un couteau bien aiguisé et frottez-y 30 ml/2 cuillères à soupe de sauce soja. Placer dans une casserole à fond épais avec de l'eau, porter à ébullition, couvrir et laisser mijoter 40 minutes. Égoutter, réserver le liquide et laisser refroidir le porc, puis le placer dans un bol résistant à la chaleur.

Mélangez 15 ml/1 cuillère à soupe de sucre, de vin ou de xérès et 30 ml/2 cuillères à soupe de sauce soja et frottez sur le porc. Faites chauffer l'huile et faites revenir l'ail jusqu'à ce qu'il soit légèrement doré. Ajoutez le reste du sucre et de la sauce soja, versez le mélange sur le porc et couvrez le bol. Placez le bol dans le wok et remplissez-le d'eau jusqu'à mi-hauteur. Couvrir et cuire à la vapeur pendant environ 1h30, en ajoutant de l'eau bouillante si nécessaire. Coupez les épinards en morceaux de 5 cm et saupoudrez de sel dessus. Faites chauffer l'eau dans une casserole jusqu'à ébullition et versez-la sur les épinards. Laisser reposer 2 minutes jusqu'à ce que les épinards commencent à ramollir, égoutter et déposer sur une assiette de service chaude. Placez le porc dessus. Portez le bouillon de porc à ébullition. Mélangez la semoule de maïs avec un peu d'eau, ajoutez le bouillon et faites cuire en remuant jusqu'à ce que la sauce devienne claire et épaississe. Verser sur le porc et servir.

Rôti de porc frit aux légumes

Offres 4

50 g / 2 oz / ½ tasse d'amandes blanchies
30 ml/2 cuillères à soupe d'huile d'arachide
sel
100 g de champignons coupés en dés
100 g de pousses de bambou coupées en dés

1 oignon coupé en dés

2 branches de céleri coupées en dés

100 g de mangetout (pois mange-tout), coupés en dés

4 châtaignes d'eau coupées en dés

1 oignon nouveau (oignon), haché

20 ml/4 fl oz/½ tasse de bouillon de poulet

225 g/8 oz de porc barbecue, en cubes

15 ml/1 cuillère à soupe de farine de maïs (amidon de maïs)

45 ml/3 cuillères à soupe d'eau

2,5 ml/½ cuillère à café de sucre

poivre fraîchement moulu

Faire griller légèrement les amandes jusqu'à ce qu'elles soient dorées. Faites chauffer l'huile et le sel, ajoutez les légumes et faites sauter pendant 2 minutes jusqu'à ce qu'ils soient recouverts d'huile. Ajouter le bouillon, porter à ébullition, couvrir et laisser mijoter 2 minutes, jusqu'à ce que les légumes soient presque cuits mais encore croquants. Ajouter le porc et faire chauffer. Mélangez la semoule de maïs, l'eau, le sucre et le poivre et incorporez à la sauce. Laisser mijoter en remuant jusqu'à ce que la sauce soit claire et épaissie.

Porc cuit deux fois

Offres 4

45 ml/3 cuillères à soupe d'huile d'arachide
6 oignons nouveaux (oignons verts), hachés
1 gousse d'ail écrasée
1 tranche de racine de gingembre, hachée
2,5 ml/½ cuillère à café de sel
225 g de porc cuit, coupé en dés
15 ml/1 cuillère à soupe de sauce soja
15 ml/1 cuillère à soupe de vin de riz ou de xérès sec
30 ml/2 cuillères à soupe de pâte de chili

Faites chauffer l'huile et faites revenir les oignons nouveaux, l'ail, le gingembre et le sel jusqu'à ce qu'ils soient légèrement dorés. Ajoutez le porc et faites revenir 2 minutes. Ajoutez la sauce soja, le vin ou le xérès et la pâte de piment et faites sauter pendant 3 minutes.

Rognons de porc au mangetout

Offres 4

4 rognons de porc, coupés en deux et épépinés
30 ml/2 cuillères à soupe d'huile d'arachide
2,5 ml/½ cuillère à café de sel

1 tranche de racine de gingembre, moulue
3 branches de céleri hachées
1 oignon, haché
30 ml/2 cuillères à soupe de sauce soja
15 ml/1 cuillère à soupe de vin de riz ou de xérès sec
5 ml/1 cuillère à café de sucre
60 ml/4 cuillères à soupe de bouillon de poulet
225 g/8 oz de mangetout (pois mange-tout)
15 ml/1 cuillère à soupe de farine de maïs (amidon de maïs)
45 ml/3 cuillères à soupe d'eau

Faire bouillir les rognons pendant 10 minutes, les égoutter et les rincer à l'eau froide. Faites chauffer l'huile et faites revenir le sel et le gingembre pendant quelques secondes. Ajouter les rognons et faire sauter pendant 30 secondes jusqu'à ce qu'ils soient recouverts d'huile. Ajouter le céleri et l'oignon et faire revenir 2 minutes. Ajoutez la sauce soja, le vin ou le xérès et le sucre et faites sauter pendant 1 minute. Ajouter le bouillon, porter à ébullition, couvrir et laisser mijoter 1 minute. Incorporer le mangetout, couvrir et laisser mijoter 1 minute. Mélangez la semoule de maïs et l'eau, puis incorporez-la à la sauce et faites cuire jusqu'à ce que la sauce soit claire et épaissie. Servir immédiatement.

Jambon cuit rouge aux châtaignes

Pour 4 à 6 personnes

1,25 kg / 3 lb de jambon

2 oignons nouveaux (oignons), coupés en deux

2 gousses d'ail écrasées

45 ml/3 cuillères à soupe de cassonade

30 ml/2 cuillères à soupe de vin de riz ou de xérès sec

60 ml/4 cuillères à soupe de sauce soja

450 ml/¾ pt/2 tasses d'eau

350 g de châtaignes

Mettez le jambon dans la poêle avec les oignons nouveaux, l'ail, le sucre, le vin ou le xérès, la sauce soja et l'eau. Porter à ébullition, couvrir et laisser mijoter environ 1h30 en retournant le jambon de temps en temps. Faire bouillir les châtaignes dans l'eau bouillante pendant 5 minutes et les égoutter. Ajouter le jambon, couvrir et cuire encore 1 heure en retournant le jambon une ou deux fois.

Boulettes de jambon frit et œufs

Offres 4

225 g de jambon fumé, haché

2 oignons nouveaux (oignons), émincés

3 œufs battus

4 tranches de pain rassis

10 ml/2 cuillères à soupe de farine nature (générale)

2,5 ml/½ cuillère à café de sel

huile pour friture

Mélangez le jambon, les oignons nouveaux et les œufs. Façonnez le pain en miettes et mélangez-le au jambon avec la farine et le sel. Façonner des boules de la taille d'une noix. Faites chauffer l'huile et faites frire les boulettes de viande jusqu'à ce qu'elles soient dorées. Bien égoutter sur du papier absorbant.

Jambon et ananas

Offres 4

4 champignons chinois séchés

15 ml/1 cuillère à soupe d'huile d'arachide

1 gousse d'ail écrasée

50 g de châtaignes d'eau tranchées
50 g de pousses de bambou
225 g de jambon haché
225 g/8 oz d'ananas en conserve dans du jus de fruit
120 ml/4 fl oz/½ tasse de bouillon de poulet
15 ml/1 cuillère à soupe de sauce soja
15 ml/1 cuillère à soupe de farine de maïs (amidon de maïs)

Faites tremper les champignons dans l'eau tiède pendant 30 minutes et égouttez-les. Jetez les tiges et coupez les chapeaux. Faites chauffer l'huile et faites revenir l'ail jusqu'à ce qu'il soit légèrement doré. Ajoutez les champignons, les châtaignes d'eau et les pousses de bambou et faites sauter pendant 2 minutes. Ajoutez le jambon et les morceaux d'ananas égouttés et faites sauter pendant 1 minute. Ajoutez 30 ml/2 cuillères à soupe de jus d'ananas, la majeure partie du bouillon de poulet et la sauce soja. Porter à ébullition, couvrir et laisser mijoter 5 minutes. Mélangez la semoule de maïs avec le reste du bouillon et incorporez-la à la sauce. Laisser mijoter en remuant jusqu'à ce que la sauce soit claire et épaissie.

Mélange jambon et épinards

Offres 4

30 ml/2 cuillères à soupe d'huile d'arachide

2,5 ml/½ cuillère à café de sel

1 gousse d'ail, hachée

2 oignons nouveaux (oignons), hachés

225 g de jambon coupé en dés

450 g/1 lb d'épinards, hachés

60 ml/4 cuillères à soupe de bouillon de poulet

15 ml/1 cuillère à soupe de farine de maïs (amidon de maïs)

15 ml/1 cuillère à soupe de sauce soja

45 ml/3 cuillères à soupe d'eau

5 ml/1 cuillère à café de sucre

Faites chauffer l'huile et faites revenir le sel, l'ail et l'oignon nouveau jusqu'à ce qu'ils soient légèrement dorés. Ajoutez le jambon et faites sauter pendant 1 minute. Ajoutez les épinards et remuez jusqu'à ce qu'ils soient enrobés d'huile. Ajouter le bouillon, porter à ébullition, couvrir et laisser mijoter 2 minutes jusqu'à ce que les épinards commencent à flétrir. Mélangez la semoule de maïs, la sauce soja, l'eau et le sucre et mélangez dans la casserole. Laisser mijoter en remuant jusqu'à ce que la sauce épaississe.

www.ingramcontent.com/pod-product-compliance
Lightning Source LLC
Chambersburg PA
CBHW071821110526
44591CB00011B/1175